AF486758

Introducing PuzzleWhiz: Your Weekly Brain Boost!

Are you ready to supercharge your brain, sharpen your mind, and have a blast doing it? Welcome to **PuzzleWhiz**, your ultimate companion for weekly mental challenges that are as fun as they are brain-boosting! Designed to keep your mind sharp and entertained, PuzzleWhiz is the perfect way to unwind while giving your cognitive skills a serious workout.

Why Choose PuzzleWhiz?

- **Fresh Challenges Every Week:** Each issue of PuzzleWhiz Word Search is packed with a new set of thrilling puzzles, No two weeks are the same, keeping you on your toes with fresh challenges designed to engage and excite.

- **Scientifically Proven Brain Benefits:** Did you know that solving puzzles regularly can improve memory, enhance problem-solving skills, and even boost IQ? PuzzleWhiz offers a fun and engaging way to keep your brain active, with puzzles that are scientifically proven to benefit mental health.

- **Perfect for All Ages:** Whether you're 8 or 80, PuzzleWhiz is designed to challenge and delight every puzzle enthusiast. It's the perfect way to spend quality time with family or enjoy some well-deserved "me time."

- **Stay Ahead with Monthly and Yearly Subscriptions:** Don't miss a single issue! Subscribe monthly and get 4 exciting issues delivered straight to your door—or go all-in with our **Yearly Bundle** of 52 issues, including a special edition that you can't find anywhere else!

- **Exclusive Special Editions:** Our annual subscribers receive a **Special Edition** packed with bonus puzzles, expert tips, and exclusive content that takes your puzzle-solving skills to the next level. This edition alone is worth the price of admission!

Your Subscription Options:

1. **Weekly Thrills:** Grab your PuzzleWhiz every week and enjoy fresh, exciting puzzles that will keep your brain buzzing.

2. **Monthly Bundle of 4:** Save more and stay ahead of the game! Get a bundle of 4 issues delivered each month, ensuring you never miss a week of mental fun.

3. **Yearly Subscription with Special Edition:** The ultimate package for puzzle enthusiasts! Get 52 weeks of PuzzleWhiz plus a collectible special edition that celebrates the very best of brain challenges with exclusive puzzles, brain-boosting tips, and more.

Don't Just Play—Train Your Brain with PuzzleWhiz!

With PuzzleWhiz, every week is a new opportunity to challenge your mind, improve your cognitive skills, and have a blast doing it. Our puzzles aren't just games—they're brain workouts designed to keep you sharp, focused, and ready for anything life throws your way.

Why PuzzleWhiz and What does it offer?

PuzzleWhiz isn't just another puzzle book—it's your gateway to a world of endless mental challenges, creativity, and fun. Whether you're a seasoned puzzle solver or just looking for a way to keep your mind sharp, PuzzleWhiz is crafted to be the perfect companion for everyone.

Here's why PuzzleWhiz is the best choice: Puzzles are more than just a pastime; they are powerful tools that challenge and stimulate the human mind. From word games to number challenges, puzzles engage cognitive functions, enhance problem-solving skills, and boost mental agility. Research shows that engaging in puzzles can improve brain function, memory, and even delay cognitive decline, making them invaluable for people of all ages. Below, we explore a variety of puzzles and their specific benefits to the human mind and life.

Word Search

A word search is a puzzle that requires players to find hidden words in a grid of letters. Words can appear horizontally, vertically, or diagonally.

Word searches are simple, yet addictive. There's nothing quite like the thrill of spotting a tricky word hidden in plain sight! From quick 5-minute puzzles to deeper, more challenging hunts, this book will take you on a journey through themed words you'll love. Grab your favorite pen or pencil—let's get started!

Importance: Word searches improve pattern recognition, vocabulary, and spelling skills. They also enhance visual scanning and focus, which are critical skills in everyday tasks. Studies have shown that word search puzzles activate the brain's language and memory areas, contributing to cognitive resilience (Smith, 2020).

Tips to Tackle Word Search Puzzles Like a Pro

Here are some tried-and-true tips to help you master these puzzles:

1. **Give the Grid a Quick Look:** Skim the puzzle first to see if any words jump out right away. It's a good way to get the momentum going.

2. **Start with Unique Letters:** Words with unusual letters—like X, Z, or Q—are easier to spot. Zero in on those first.

3. **Think in All Directions:** Words can run vertically, horizontally, diagonally, or even backward. Stay flexible!

4. **Mark as You Go:** Cross out words once you find them—it keeps things neat and avoids confusion.

5. **Use the Word List for Hints:** If you're stuck, go back to the word list to break it down. Look for starting letters or clusters.

6. **Take Breaks if Needed:** Don't get frustrated, sometimes stepping away and coming back with fresh eyes makes all the difference.

7. **Watch for Overlaps:** Keep an eye out, some puzzles are sneaky with words sharing letters!

Why Word Search Puzzles Are Amazing for You

Solving word searches isn't just fun, it's actually great for your brain and well-being!

- **Builds a Better Vocabulary:** You'll learn new words and strengthen your spelling without even realizing it.

- **Improves Focus and Attention:** Word searches train your brain to focus, ignore distractions, and stay on task.

- **Strengthens Pattern Recognition:** Spotting patterns in puzzles carries over to real-life problem-solving skills.

- **Relieves Stress:** There's something incredibly relaxing about getting lost in a good puzzle—it's like meditation!

- **Keeps Your Brain Sharp:** Word searches keep your mind active and may help prevent memory loss over time.

- **Encourages Quick Thinking:** The more puzzles you do, the faster your brain gets at finding solutions.

- **Brings People Together:** Whether you're competing or collaborating, solving puzzles with others makes for great bonding moments.

This book isn't just about finding words—it's about finding joy, challenge, and a sense of accomplishment. Each puzzle offers a mini-adventure, and with every word you find, you're training your brain to think sharper and faster. So what are you waiting for? Dive in, enjoy the hunt, and watch those words come alive!

Happy puzzling!

Subscribe today and become part of the PuzzleWhiz community! Weekly excitement, monthly bundles, and yearly specials await. Don't miss out—your brain will thank you!

References

- Smith, A. (2020). The Impact of Word Search Puzzles on Cognitive Function. *Memory and Language Journal*

SUBSCRIBE

PUZZLEWHIZ

Name:

____

Address:

____

____

Postcode: __________   Phone: _________________

Email: _________________

Subscription

Weekly ☐   Monthly ☐   Yearly ☐

Please fill the form and send it by email to:
PuzzleWhizPub@gmail.com

Payment Information will be sent to your email and phone.

Puzzle # 1

```
Z N E M H G U B Z B G X I N D A S I V S P X Y
B Z Z H E O S S K O D J L M N C C P K T T Q K
G N F D E Y S B M S H B H A R A S S M E N T P
D M I Y P M G E J H W I E G O V E R N M E N T
C U L T U R E D C A R N F F W A R E H O U S E
T D E E E K P S U R E Z K O T G N I R E F F O
N O I T A C U D E E U V I C S E L L E R W H V
J A U D G R O W T H Z O A Y M K T C B S J N Q
Z T S I J C X L L O S S S L E S I H C N A R F
X E P E Q B S M E L D P N E U G H I V W E E L
P G D F R U R A I D N M R K R A T L U P B A S
U R K K Q D F C S E E Z J W T O T V E N D O R
V A G V T O R H U R D L U H B T F I W F Q B K
X T T E H D S I R N I N N O N L L N O B F P U
T C U D N O C N E P V J R X M R I F Z N K Q X
W U I U L U G E U N I X E T P S P E N S I O N
H G E E P Q H L T I D T N A N E V O C F C F Y
T B D L N H L R Q T Z W K Y I T G A Q G R X I
```

VENDOR	SHAREHOLDER	OFFERING
GROWTH	PENSION	MACHINE
GOVERNMENT	TARGET	SOLE
EVALUATION	CULTURE	FRANCHISE
RESOURCES	FIRM	COVENANT
HARASSMENT	PULL	LEISURE
SELLER	DIVIDENDS	CONDUCT
WAREHOUSE	EDUCATION	ROBOTICS

Puzzle # 2

```
Y J A P T H S W R I R Y G E T A R T S U O K S
E A D S D B R E D I S T R I B U T I O N K W E
M C M Y M Y I L Y J U R H N M I P V O A E K C
P D I T S W T F A T Z P L A N N I N G Z D L I
L H N C I V N A I A I D D L E I Y Y F P I K D
O O I Y N K P R A U C L Z E F T F T E R S Z N
Y C S Y O N A E J Q P J A E Q S V D T E Y Z I
E N T A I H O Z S E I T I U Q E D Z N S L E Y
E N R J T E J I J L Z B A N Q R T C E E P L T
K N A B C Q V A T U U L F E V E D S M R P B I
L T T U E G N I D A R T O O L T N Y P V U A R
X P I S T V Z A T R L V Q S N N B I O A S W E
I P O C O Q C Z U A I F F B U I C E L T Z E T
H C N Q R P U W N C R D E Y A N G R E I A N S
D Y V N P R T V C J D E R D P O T C V O T E U
V U Q R Z T O F B X Q N N F M N D P E N V R A
I U F L A N O I T A T U P E R H G H D L K D E
E V I T A T I T N A U Q T M G X F C L J H D K
```

ADMINISTRATION	ETF	SUPPLY-SIDE
TRADING	EQUITIES	PRESERVATION
PLANNING	PROTECTIONISM	YIELD
DEVELOPMENT	REDISTRIBUTION	GENERATIVE
NON-INTEREST	STRATEGY	INDICES
WELFARE	INEQUALITY	QUANTITATIVE
EMPLOYEE	REPUTATIONAL	AUSTERITY
DEFLATION	BANK	RENEWABLE

Puzzle # 3

```
Y P S H O S U P A S C O M P E T E N C I E S G
T Q P F O N V G E Z X L C P M E G V O V S D R
I N B T V F A S F G P Y M Q O M R K D N A P N
L Y W C Y D N O Y S B Q F J L A T I G I D X P
I S T T N E A Q B E Y N E V K E X I T E M M I
B U I E P P R R R J U S T I C E M H W D I S H
A B T X U T A S C I T S I L O P O N O M N I S
D S E C I N E Y H F L U C T U A T I O N I N R
R C T B D C S K N W M J Z W S T X E O V S O O
O R T X U Z F R E J Q M H R H B P R S W T I T
F I M R G P U L A B O L G U L G P I T F R T E
F P I C R Y T Y V J S Z S K I H B S R V A C I
A T D Q U Y U D O L T G V X N M Q E A D T E R
Y I Z I N F R A S T R U C T U R E D T B I T P
M O F O R C E I F N V I T G N G U I E Y O O O
X N T H V Q S D Y A M C B U J K C D G A N R R
I S W C W T X Z C N A U W N L X U C Y U J P P
C P S A E D I R W N E Z A F D S L X Q F E J S
```

PROPRIETORSHIP	FLUCTUATION	JUSTICE
DEBT	SUBSCRIPTIONS	CYBERSECURITY
AFFORDABILITY	PROTECTIONISM	STRATEGY
EXPENSES	DIGITAL	DESIRE
WTO	BRAND	EXIT
IDEAS	FORCE	COMPETENCIES
ADMINISTRATION	MONOPOLISTIC	INFRASTRUCTURE
NET	FUTURES	GLOBAL

Puzzle # 4

```
L Y L I N E E Z T F H Y L E A D P I B M A Y F
H T L A R E T A L I B T R O B A L Q E A O T S
E I G N I R E F F O U I X U Y U P X L G H I R
V L Y R T S U D N I G L N B R P K J A K J L E
I I H F C M Z A W R B I Y W W P U O S J D I F
T B T K B Y G N A E L T C V E T R F E A Y B S
I A Q Q A G T H J P P A N H P Y T C L T S A N
T T A Q N S G E Y U X L E F J R K E O W H T A
E N T H H U F I Q T A O R Y F H O Y H U H I R
P U P T O B D D W A C V A E E E U C W H K F T
M O E R R B O N E T H F P D T A H G E W K O D
O C T M P I Z J A I P O S W O L F N I S S R E
C C L L S U U R L O E R N S L T O E T C S P F
G A F Z B Z J C T N R E A Q E H U J X E X S I
Y O E C W D E V H A F C R D K C T T B N P M C
Z Q Y C J R B A W L E A T I M A G G J O Q B I
V H C N A R B P X Z C S U O L R A Y Y V M G T
A M T Q Q N W H N N T T W S B E O Q X P T V C
```

WHOLESALE	LEAD	LINE
WEALTH	REPUTATIONAL	ACCOUNTABILITY
COMPETITIVE	BRANCH	JOB
PROFITABILITY	TRANSPARENCY	PERFECT
OFFERING	CEO	VOLATILITY
INFLOWS	TROUGH	HEALTHCARE
INDUSTRY	DEFICIT	BILATERAL
FORECAST	TRANSFER	PROCESS

Puzzle # 5

```
G R G X S N E C N L A C I S S A L C O E N C L
S N F O Q I A M P S R E Q U I R E M E N T E A
M U I U I B A H S Y T I L I B A L A C S Z T A
I U Y P C I F A E J B A N K I N G O O V U A L
X O R E P A C M R L I E E B V Q R D R A L C L
E F O L Q O L Z U A V C I X A X E V P L V I I
D R T B G M H C T S Z A C M U F P E O U E D A
C O N A L L N S I G P L L P S G A N R A G N N
N K E T D H U E D R J P E F T B Y D A T R Y C
O W V I T J W A N J P F Y I E K M O T I Z S E
I I N R R E Z M E T F W H Q R O E R E O H D E
S H I A O I T H P A D K S S I C N Q G N G W K
S I Y H Z D Y D X Z S X L Z T E T J F E B S V
I B B C X F A K E V Y Y M W Y C L E A R I N G
M V N Z R O T S E V N I L E G N A A X I Q H Z
F E C O L L A B O R A T I O N S H O R T A G E
O P E R U T C A F U N A M V W B Y B M O A X K
E U N C X P H A E Y T I U Q E T A E W S N V C
```

VENDOR	SYNDICATE	REPAYMENT
BANKING	ANGELINVESTOR	NEOCLASSICAL
VALUATION	CHARITABLE	MISSION
EXPENDITURE	PLACE	REQUIREMENT
CORPORATE	INVENTORY	MIXED
COLLABORATION	SHORTAGE	SWEATEQUITY
SHOPPING	ALLIANCE	CLEARING
MANUFACTURE	SCALABILITY	AUSTERITY

Puzzle # 6

```
X Z D S Y N E R G Y S M W N P E N S I O N S U
T Q S W M H K D C I W M I N D E X W M X V X C
V F K U G S Q S O S E A A B E C O M M E R C E
P U T Y P C U V M P P A G L E U I I F S T G K
I R E S P P A Z M L A E D E L V E Y B Q U B B
H U M W K M L R O F G B H W W B O S I N M X E
S E N T Z L I I N H A I L E U O U D Y E X N Y
R N G E E D T I E M X S X B O A I S X P V T K
E E M A N R Y B X R D C V B O O M S I O Q T L
N R E M O T S U C N H Y C N E R A P S N A R T
T P Z R C B I E T A X Q K P Z A Z L M K E K Y
R E D M S K C P N G V Q V K O J W Y W Y B S Y
A R E T I R E G E L C Y C E F I L M A S E D S
P T X C A X E L A C I S S A L C O E N N Q B L
Q N L F V I E T A I T O G E N A H H T A M B I
D E B G V F D N I A H C Y L P P U S C B K O X
S U Z P P J F B M O R T G A G E Q U E E Z I O
N X Q T X A Q V Z V W E R K O A B C N N A J L
```

EXCHANGE	SUPPLIER	OPEN
NEGOTIATE	INDEX	NEOCLASSICAL
MORTGAGE	SYNERGY	CUSTOMER
COMMON	TRANSPARENCY	QUALITY
RETIRE	DEAL	WANT
LIFECYCLE	TEAM	SMALLBUSINESS
E-COMMERCE	SUPPLYCHAIN	BOOMS
PARTNERSHIP	ENTREPRENEUR	PENSIONS

Puzzle # 7

```
R Y V K L R O Z W G N Q Q E M E R G E N C Y E
K N R Q D A W C D Z Z P T T F O M I S S I O N
N O R C E T T D E C M R V O D M C H Y Y V B Q
E I G A Z I Y P A Q B E T J P K M K T Q K B J
S T Y T I N I S L J U S H V U U S N C W M S L
V A O G L G O X E S Y E U C D O A M X N O D S
E C T Q A V K I R M U R T A I R C T O X E R V
L O F E N V Y Y T H R V D O R N X I K P N I G
K L Y U O E W U O A Q A Q A C E T Z A I P R S
Y L L T S V J B N H Z T W T P A H R P N Q B E
A A O E R S L X D Y E I J U L G T X W C E U L
C Z W T E Q J P E M S O L U S M R I S K U C F
A L B R P I M O M O I N G A E E P Q Y M N K F
L I D E W Y Y G A N W E M N B D L I H C R Q U
L Z E B I H R J N O R C T P K O L D S M T I N
O Y P E E N I C D C F F X G O O L Y E T O O D
Z F A I R N E S S E S O B P E C G G J O W D E
Z E R O C S G N I S I T R E V D A H P R K N D
```

ECONOMY	ON-DEMAND	DEALER
MISSION	SELF-FUNDED	PRESERVATION
ALLOCATION	MOCK	CFO
CRYPTO	FAIRNESS	GROWTH
CHILD	DEPARTMENT	ADVERTISING
GLOBALIZATION	REGULATION	RATING
WARRANTY	NICHE	SCORE
RISK	EMERGENCY	PERSONALIZED

Puzzle # 8

```
K I H I N C S C U G G U U T L L R X O S T S T
G J V I U D H Q R F N T N E M Y O L P M E F B
N Q R W D I I L U L H I G M Q Y U Y I M P C O
I L K M S R P C S X Y R R U A N Z N X L X O O
T A Q D D B P X P A R D C O S T B E N E F I T
E R F P N Y I I G D S U I Y T Q L F M V F N S
G E G T E H N K R O W G D S U I U X C T Y L T
R T Q T D X G H S P E A N A R N N O F I F O R
A A S E I R E C O R G A L I C U M O C T G M A
T L K Q V V X I V P A I D T V M P I M K F P P
E I L S I J B N Z E T J I X I A I T I P R O P
Y T T S D R D N H Y G O F S K M S N I R M S I
D L D O O V D O X D N K S F Z W U P W V P I N
V U T K V X E V U Z W I T D C M T X S D E T G
Z M E S Q T G A F W O P I O U L E D F M Y I X
Y R O L R J Q T Q N P N L S E G O L S G R O D
G H F H F A I O S Q T G P F B O M Z I O N N Y
G I N F L O W R E Y I G S U G S E G M E N T J
```

GOODS	HYBRID	MULTILATERAL
BROKER	GROCERIES	GIG
SHIPPING	EMPLOYMENT	QUALITY
MONITORING	DISRUPTIVE	SEGMENT
SPLIT	FUNCTION	INNOVATOR
BOOTSTRAPPING	INFLOW	COMMISSIONS
POSITION	DIVIDENDS	TARGETING
SAVINGS	COST-BENEFIT	WORK

Puzzle # 9

```
B B S G N B P D L E N N A H C V V C M Y I H X
Y G T R R X F U X C K O C N N D E R I T N I F
O T S V A M P A C L L A M S O V N F S I T E E
U V A O S T R U C T U R E E I C D K S V E Z V
F C C G E N E R A T I V E Q T G O G I I R P A
G L E R U T C A F U N A M S C N R I O T V R L
Y O R N D F E O R G A N I Z A T I O N C E Z U
T G O K I L S K H Y H J M W F L L M M U N D A
K I F G V U U F T A I N D U S T R Y A D T P T
X S L N I C O N L B Q H A H I R V W S O I F I
A T K I D T H R E X D C P T T S F E U R O U O
C I D K E U N I I H P R Y I A X B H X P N Z N
F C I C N A O S D A J F E C S M A R G I N A L
Q S O A D T I K T U H C Z I B V W X A E G I Q
G N E R S I T R Z C A D Y F U D T N F R V C G
N A O T G O C B V A I R G E T V A W W B O I Z
U V R F C N U M Q Z D J F D M M U I M E R P W
E A V U R F A U K F S D I T I I X X G R Y W S
```

VENDOR	LOGISTICS	TRACKING
PREMIUM	GENERATIVE	MARGINAL
MANUFACTURE	FRAUD	MISSION
AUCTIONHOUSE	SATISFACTION	PRODUCTIVITY
EVALUATION	ORGANIZATION	CHANNEL
INTERVENTION	STRUCTURE	DIVIDENDS
INDUSTRY	FLUCTUATION	SMALL-CAP
RISK	DEFICIT	FORECASTS

Puzzle # 10

```
R E K A M L O A N Y T I L I B I S N O P S E R
N O I T A Z I L A R E B I L G K Z O K F V A G
W R Q I N S U R A N C E M Y A M R O G F E U A
Y N A L H G R L S V J J L C I M A H G Y Q K L
N C Z X L B M N O I T A I T N E R E F F I D F
J O O E L A C S A N T I T R U S T C I A T O U
M L I N Y Y C E P E L A N O I T A T U P E R T
J V D T W H C I D M N K E N Y Y F D Q N L B U
O G U H C X Q M T I J V Q W Q B M J I J G P R
H F S U O E B E A I S E I R E S I S T A N C E
D K U P Y Y J A M J L D V R S U P P I B X N K
X M Q U D B P O Q V X O N R O A Y T I L I T U
F F I U S S D X R M C O P A E N B Y R B Z Z Q
K C A B D E E F P P E R T O M S M V U I X H A
S S E N I S U B L L A M S Y E E E E O U Y R X
T U D P Z B Y Z B H J K R C C G D R N C P Z G
S J M J O M U N O I S R E V N O C L C T Z X I
P J A Y G E L B A T I R A H C V K S A V I N G
```

RESPONSIBILITY	ANTITRUST	PPI
GEOPOLITICAL	DIFFERENTIATION	UTILITY
LOAN	LIBERALIZATION	SMALLBUSINESS
CHARITABLE	RESISTANCE	SCALE
INSURANCE	SAVING	FEEDBACK
PROJECTION	ENVIRONMENT	CONVERSION
GAIN	RESERVE	REPUTATIONAL
MAKER	DEMAND-SIDE	FUTURE

Puzzle # 11

```
X Y C L K Y B C Z A I W B Z B E R G J T I N K
F R N U T L R J C U A B R U X O E K S V M V T
W I C A A M G G N T L B U S I N E S S P L A N
I U G Y V O H I A O L S L A T M O P I T C H R
R Q N K T O X H E M O G A H B N A G O N I H N
U N O G D M I H N A C N R E D B V C D N N O N
M I W R B S E D Y T A I T R E K A M D K A Y I
U V F A E T T N B I T P N S L H T E O L O B N
J T E D I G S O B O I P E E B U X M Z O K N S
J I I E C U Q J R N O O C R C I L Q Z C R V T
T F A C A T E B X E N H U R Z T I F E N E B I
Q O E H W P T K R U F S Z Q F C Z R U P V V T
F R K H V X Q S Y T O R N F B M W Q Q R I V U
J P R Y M T T X R N I R O Q R J X O W O R B T
W G H S K K D T N A T P X N C O J E X C T I I
A O K T I S H B M W A M P E T G Z J B E U Y O
J Z L G P Y F G N I R O S N O P S K F S A X N
K X V F Q J H M S I I E G A G T R O M S L N V
```

STOREFRONT	INDEX	ATM
INSTITUTION	GRADE	AUTOMATION
FLOW	CENTRAL	PROFIT
AVOID	PROCESS	INQUIRY
BETA	MORTGAGE	BUSINESSPLAN
BENEFIT	WANT	RATIO
SHOPPING	PITCH	SPONSORING
ALLOCATION	MAKER	VIRTUAL

Puzzle # 12

```
O I Y F F X U Z M C O M P E T I T I O N O G W
P R O F I T E S S E N I S U B L L A M S E J Y
I N Y K S T O C K V Y Z O K I K G V D I S O I
T Q O T A N D U R T H K S H Q G K V Q Z M E N
N Y N I I K X N I S H O W S S L U M P O H E F
E A O Y T L Y C J U M E G N I C H E Y X G I R
M B J S R A I Q X S N I O I Z M T H J Y K F A
Y E T M Z T L B P R E S E R V A T I O N V Q S
O Q T D S L S U A I N D H Z I M Y K Q L U F T
L W M A E F A U C T F Z F O R E I G N R E N R
P U L R A T V C D E S B T E U T S J F E T B U
M E X M L K N A F N P I M Y O S J Q Y L E E C
E I S O A M U E W M I S N C W E I Z T A I R T
N B Y S I T Q H M G B A D O Z R Z N V T Z A U
U Q R Z C K S A C G P R L X S O B Q G I H P R
I H Y X O S I C I M U F E K U T U S J O S C E
B J S T S M D T O F N A U D O S S F A N D F Q
D J R X U E F C B I H S Q W G X F S R J O W I
```

INDUSTRY	SLUMP	SHOWS
COMPANY	SMALLBUSINESS	PRESERVATION
ELASTICITY	FDIS	STOCK
HOUSING	INFRASTRUCTURE	INFLOW
FOREIGN	STORE	NICHE
SPECULATION	UNEMPLOYMENT	STABILITY
COMPETITION	RELATION	THEORIES
PROFIT	SOCIAL	AUGMENTED

Puzzle # 13

```
J W U V C M V J P Z E C N E R E F E R P W I A
E D Q T I R U I R L A N O I T A T U P E R W I
L A V R X G Z W E N X W C M B Y R A M I R P W
L G X A H N H O S O J W R P U H L I R H W I V
C U P N J I Z O E I U G A O G A A P Y W Z X D
Q Y N S X K Z W R T N T Z R N D H V P J U V A
B O Q F D N D N V A K C E T I W B I M U C H F
R G W E J A K P A L Y Q Q R S K E J W L S B V
Z E F R P B E O T F E L E J A U S L V G P Q A
V S D S R M K L I E Y C F W E J K E M U G S Y
C A B I B C X X O D T T S E U L A V E A S T U
N P R D V D J A N T D V I A B L E T N E I E U
O K N H K O I E C O N S U M E R A U N D H W A
M J U F O O R D X Z Q R S X W V G R O B S A J
K J G C I M Q P N U N E P O I G I M M Q O F T
J A N A L Y Z E E M F N Z R P A M E D W N Q A
T N E M P O L E V E D W P I F O P E K X N U K
B T E G R A T I O A T O Q I C K K F G I B H J
```

CONSUMER	DIRECT	DEVELOPMENT
BANKING	PROVIDER	TRANSFERS
PRIVATE	TARGET	DEFLATION
REPUTATIONAL	FAIRNESS	CRAZE
JUNK	COMMODITY	VIABLE
VALUES	PREFERENCE	PRIMARY
SUPPLY	OWNER	EASING
IMPORT	ANALYZE	PRESERVATION

Puzzle # 14

```
V W E J Q X E P C W D U S G E Z K V B P D U V
S Y A P M L J H U T I R C W N H I Z A R G I N
S N D Y D N W D S N S M H Y E I D Z L I A A O
Q A S T D N R G E O R I A G F A T K T A I N C
K P I I Y A V P N U U E I T B I T S H W Z Q D
H M S N C W O H D J P E N M X Z T E I T F R A
D O Y U V T L N Y C T C S E D Z C N Q L V I K
P C L T L U R Q P E O N C H O Y G T E U D S W
R Y A R S U A D A G R A D J J F X R S D I K B
E S N O B J V Z D X L T X V X K N M U I I T P
F K A P V O T Y H P A S Y U S X Z D T T Z A Y
E L O P B I F A T X Y I P E N N Y W C R P K T
R Z I O C N W E X G B S A I N Q F Y N A Z E O
E I T H P T K R T A H E Z O P T I O N V X R A
N A A D X R K W E Q T R O X F A Q V V E K T X
C T R F A K K J X N O I T A N O D V M L M M Y
E H G M C V P V Y C S I O Q D E X B I S M I S
E G A T N A V D A L E X W N N P N R D I L X J
```

MARKETPLACE	RISK-TAKER	RESISTANCE
CHAINS	IDENTIFY	TAXATION
RATIOANALYSIS	ADVANTAGE	BRAND
OPPORTUNITY	CARD	JOINT
LISTING	COMPANY	SWEATEQUITY
OPEN	OPTION	TRAVEL
FAIR	DISRUPTOR	PENNY
PREFERENCE	DONATION	BURN

Puzzle # 15

```
Q S E G M E N T A T I O N N G R S N L X G E Y
V Z U R Z W O R K O G K P C F Q W A D Z A T B
R E W H F J T M R E T V D D P O G D D R L Y N
F O R M A T I O N Q Y E K M R V F H K E L W E
Y L O P O N O M J U R R P O R V P Z C F O O V
U C L Y N P X M O I M N L E I S U R E S T R I
J T R W E U M V V T R E E N A B X Y W N T D T
A Z E E H B L A T I Y G B S P E C A R A M X P
U F O E D L T G T E U S N Q A U K U C R E W U
G E F K M I B M W S M B J X I E T T G T N A R
M T S I V C T T H E O R I E S E L C I R T H S
E A J E L V T Q I T I D F J R M F U F L O O I
N O S U Z I I N V E S T O R C L O S S H P Q D
T Y S N R W A Z S A V I R T U A L A K Y N S J
E S B O K U E T I E T G R X S O B L F E I R E
D T T W L G Y M E T P C F Z O S K N N D U Q R
X N J G Q E Y I S A V I N G Y G V V B H I P Z
E E V R O P R A E G A T S Y L R A E S J A D O
```

LEASE	TRANSFER	SOLE
LEISURE	CREDIT	DERIVATIVES
INVESTOR	SEGMENTATION	RETURN
EQUITIES	LOSS	SPLIT
MONOPOLY	THEORIES	ALLOTMENT
DISRUPTIVE	PUBLIC	EARLY-STAGE
AFFILIATE	WORK	SAVING
VIRTUAL	FORMATION	AUGMENTED

Themed Word Search Puzzles: Issue 15

Puzzle # 16

```
S J H R X O L W M A R K E T S F A C T O R S Q
C L K R P N P K L S Z C G B Q B L K Q Z B C V
L R E D D O N X F R Q Z Y G S U K E D G S T R
E Y J N F I O O K E I H I T G Y O R S W Y M N
A Q E M H T I H T F K S Z L M S J T V X T X O
R E S W H A T R C S T A H L Q S U P A L I J I
I A H N W R C E W N Y C N Z U K L Y O S L J T
N P C F I O U Q E A R O I S T V B N E K A V A
G A C O T P D U X R G U E K L T S T I S U T L
H R Z R H R O E C T V O S M D U H Y Q L Q E U
O T F E D O R S H F M X A J Y I M J H L E C M
U N J C R C P T A O K F E S C V R P H E N H U
S E P A A O H U N M D C L A F E G Y V Z I N C
E R U S W P B T G R N P L B L U E C H I P O C
O S P T A A X A E S Y J B F H D A A X F Y L A
I J Q I L S C K S N O I T C A F S I T A S O R
E S L N S L L O Y E R O L A N R E T N I E G F
C R E G S O V C B X D X B F Y Y U W H J A Y U
```

EXCHANGE	FORECASTING	PARTNERS
CASH	TECHNOLOGY	TRANSFERS
INTERNAL	QUOTAS	PRODUCTION
CLEARINGHOUSE	FACTORS	SLUMP
WITHDRAWALS	CORPORATION	MARKETS
ETHICAL	REQUEST	BLUE-CHIP
LEASE	ZERO-BASED	SATISFACTION
INEQUALITY	ROI	ACCUMULATION

```
N I M A R K E T P L A C E E Y V E H M X M G Q
P N V V U N U V S H A R E H O L D E R B P Y U
V V P A M T I P R O P O S I T I O N E D T M P
M E N R S A L I S T I N G R H N J H R I C Y I
T S I O B H I F M P Q H L K D E A G C H B R H
P T E L E N R U E S S U Z G T V P R I J B T C
L O E D V T I L B N M K K W I M A L R Y I R E
C R J J K M Q Z R I E E H O P C D Q W N N A U
M S J Y E S R E V L I S R W S B X K Y O T N L
Z I N E P C Q B S T R U S T U C U S A M E S B
P K R P V I C P G N I C I R P R S G Y I G A O
E F V F A M D L O V O H D K A X A J P L R C Q
K C E S N O P S E R M W P G B T D T L A I T F
R R B U N N I C O S T C O N T R O L U K T I A
P I O Z A O D S M A O X B F B C W W B H Y O F
Y Z J I F C V J J Q L J G P G S H O P P I N G
Y P B C T E N E S U O H G N I R A E L C M T X
U B E F A R F D P V E X C H A N G E E S A O M
```

EXCHANGE	VIABLE	TRUST
ECONOMICS	LISTING	PRICING
SHAREHOLDER	INTEGRITY	SHOPPING
CHILD	INVESTORS	SILVER
NAFTA	MARKETPLACE	ALIMONY
SCARCITY	FREEMIUM	BLUE-CHIP
TRANSACTION	RESPONSE	BEHAVIOR
PROPOSITION	CLEARINGHOUSE	COST-CONTROL

Puzzle # 18

```
B F Z T Q U C A R I I V H M A T I P C O I E Y
L A T N E M A D N U F E C D S D F L O B Q E O
O S C O V E N A N T M N V T C U V A N Z V T J
R N O I T I T E P M O C A W P X W G T Y Q O C
E V D G M G H D B X P N S N O R A E R K M U U
G U T N E M G E S D D U Z E E Q O L O N T P N
U N L I O H F H E A O M O J L K C D L M F J T
L E F V F I K U R J W C C T D E R K U L H K X
A M S L W O U D S H I Z O V H D C J S C R P P
T P K O L I S K E S N B S Y E C O T A X E C C
I L B V A E T I U Z N O B X A L G N I S S R K
O O P E R A T I O N B R I O B Z Z Z Z O T D A
N Y U R W P Q T H C I L S T C J N X G V N A K
Y M K K T M O Z L D Y H C R A R E I H R M T M
V E D M A R K E T P O W E R D L C A L T O A E
Y N K W E C N A L A B D S I U U E Q J X D H X
G T O B O I M P R O V E M E N T P R Z N F X I
S N A O L C A S H D G N I N R A E L Y H U H T
```

PRODUCER	EXIT	LOANS
CASH	FUNDAMENTAL	DATA
MARKETPOWER	LEGAL	OPERATION
SELECTION	IMPROVEMENT	UNEMPLOYMENT
CONTROL	HIERARCHY	RELATION
STANDARDS	REGULATION	COVENANT
COMPETITION	SEGMENT	REVOLVING
BALANCE	HYBRID	LEARNING

Puzzle # 19

```
I Y P Z P A C D I M J I B E S W A B H R K R T
I L C U I F P O B O M K P L F I B H Y W X T B
L O E T R A E Q A V Z R P C J N Z H Y P S V M
O P A N O N E V Y P A R E G R U S U O E L Y S
P O Z E B G J V I T V D K T T J G P U S B Z N
J N Q M A E F A B T A H L W J W M Q G U X I I
J O R E L L Q J F B I F Z F N L E G A L U W A
W M F R F I P O W V L T Z E P R Z M T M E M H
T P N I I N N I I P A S E C N A I L L A M K C
A O Y U N V Z N T R B J K P R G F K G R O U L
Z R G Q P E H T J I I X F Y M E A P M L J A S
E H N E J S U F B O L R A Y I O Z L I G N O U
M H T R G T B V F R I E C N R G C G T I F B D
Q U M K H O Z S U I T T I N Z R O B G L L L K
T B I H D R B U N T Y A L C L P X R I G I N K
O E M A U E T C D I L I I E O V A A O E A G V
H S U P P L I E R E N L T L P M M S V B P C M
J Y P D G A E X F S C W Y L O A Y X W S J I W
```

RETAIL	REQUIREMENT	ALLIANCES
SUPPLIER	CPI	MAIL
REQUEST	PRIORITIES	LABOR
COMPETITIVE	TERM	AVAILABILITY
LEGAL	OLIGOPOLY	JOINT
BANK	CHAINS	ANGELINVESTOR
MONOPOLY	SURGE	MID-CAP
FACILITY	FUND	MARGINAL

Puzzle # 20

```
M T S Z V Z V X H O M B B U L R D B E B M S B
G N T R E T A I L H P R L H U G G P S V D D G
U O A P W F P H H F A O G P R P B A W O W W S
V I T E F I B P W N H K S B S O I O O S J O D
R T E C C H B W D O T E F W Z R Y G V F U S N
K A M N K S O I L A E R A A X X T Z Z X U X A
G M E A O Q N Y B Y G A M J U A P A E R B A M
L R N L B G D Y Y L M G G I V E Q N G S L R E
X O T A C H S Y Q N Q E G A S T N E M Y A P D
B F S B P U R C H A S E I P E Z P T L P U S N
W S I D E N T I F Y Y L X L M R B B L K L Z O
G N L I N B G E V V A L O S I B N O S K F A I
Y A W S R V S S K B X R R P R O V I S I O N U
O R E A G N A G I M E N J U T B R T U X A X M
R T N I E J B L O C K C H A I N M G Q S C P S
E C N P B K I W P R O T E C T I O N I S M L G
H R X E R T B O I M O N I T O R I N G A A K G
H E E B Y V V V X G I K G N I K R O W B X P I
```

GOODS	SURGE	BROKERAGE
EXPENSE	WORKING	BLOCKCHAIN
AVAILABILITY	IDENTIFY	ROLE
BONDS	PROTECTIONISM	PROVISION
MONITORING	PURCHASE	REAL
PAYMENTS	RISK	BRANDING
RETAIL	ON-DEMAND	BRANCH
BALANCE	STATEMENTS	TRANSFORMATION

Puzzle # 21

```
D X L J W C O N S T R U C T I O N E T J F H N
T N E M Y A P G V G K C Z J M W M V J L X N X
I R D D N B F T O J Y R X Q D R I A X B X O P
Z P N D I B I N T E G R I T Y O C L B G W F J
O B M U I M E E R F F P F R G I R U N H W M L
C S E V I T A T I T N A U Q I E O A A E M J R
A Z H J C Q Z L A C I N H C E T C T T E N A E
I N F R A S T R U C T U R E Q R A I M I M I D
S C O N F I D E N T I A L I T Y P O H I P Y L
K C E G A T S Y L R A E R K Q G C N W G R S O
B C S F I G P R I N C I P L E S X A T N D M H
E K A G R C Z G M R G R V Z K T R E U I D K E
B U H B Z K T F S E J O H Y R E K T R R O Z K
O X T R Y C X V C Q L X K O H G S E E E I I A
O L L A F U W V Z U N U Q O A Z C D T F K Y T
N O A N H C B K K E E G U S F T U O Y F I C S
Z F E C Z A A G T S N S M O O C X P M O T G B
Y C H H S M J V G T E D H R E F A C T O R S Y
```

PAYMENT	REDUCE	PRINCIPLES
FREEMIUM	MICRO-CAP	INFRASTRUCTURE
HEALTH	LINE	REQUEST
OFFERING	FACTORS	EVALUATION
BRANCH	WAREHOUSE	BUYBACK
CONFIDENTIALITY	TECHNICAL	ATM
DIRECTOR	STAKEHOLDER	INTEGRITY
CONSTRUCTION	QUANTITATIVE	EARLY-STAGE

Puzzle # 22

```
D H T Z H W Q L U L B Z T D F A C T E V X L A
R H M N E E R G G V S F U T U R E S T E S S A
E Y V C Y B E R S E C U R I T Y S C D L U M G
A Z B Y M O R T G A G E U Z Z J O H J T N Z L
C S E C U R I T I E S B Y T N A R R A W S N G
L C S V Q U S Q N F G Q A T G P N D W V O M G
E N I H C A M N O I T A L U G E R E D I R H H
A R D R O C O M M O D I T Y I L L N T W H E M
R E B R K E S O V E R D R A F T O A U K A K E
I S D E N I A T E R F L I I H I R U S L S N T
N I N D D D A V P F A F A K S E K S T Y F J S
G S F I B J Z P P P S O O R T V V H C T R N Y
E T Y S W P L D I B F N E I H L I B R V E E S
H A J N S M Z C Y D F V A L T C X R Y O H X O
C N Y I S B N C O V N H U O E D X P T I H U C
L C L A C I T I L O P O E G L K H M J U H R E
O E B S R L W I C P R O G R E S S I V E A G C
R A N P Y S D D C T O L R U U F Q C L I M L O
```

COMMODITY	GEOPOLITICAL	ECOSYSTEM
PRINCIPAL	RESISTANCE	MACHINE
RETAINED	ITERATION	MORTGAGE
CLEARING	CYBERSECURITY	SECURITIES
PROGRESSIVE	ASSET	FUTURES
GREEN	OVERDRAFT	LOANS
WARRANTY	HEALTH	CONVERSION
DEREGULATION	INSIDER	VIRTUAL

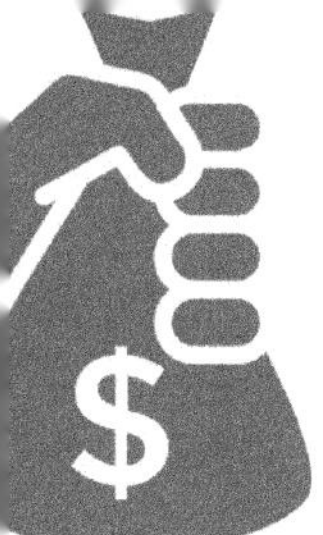

Puzzle # 23

```
Y F I S R E V I D H V O V H D Y E A J C Z Y O
N O I T A C I F I S R E V I D E N C M X C J P
Q H I O Y Y P W T V C I K A T O N O J E Z D L
Z C S Q O M D W E S U O H E R A W I M S H I N
T W R E F T O D E M A N D S I D E X A I Q F K
Y G E T A R T S K F G T G S O X V N D T L T C
F D R F K P X J L M E N E L M O P O J O E A I
K E Y N E S I A N P I I G S R E I R R A B R I
Y Y B O L W L X A T C N P I E E P K N S A Z P
T F W O B F T G U N C T L N E C E S S I T Y Z
N I S R A E Z P E B L E E O G E O M U H C C I
E T E Z I I M T W R E R I E Z H X D B W I P T
M N T R V O E D F A A N S L I S T I N G V P E
P E T T C P B A B N R A U A Q C Q G G Q X Q L W
I D G I M O G S V D I L R S D N E D I V I D O
H I D O A N G E L I N V E S T O R D G R L V U
S Q C C G N E K G N G H S E C R U O S E R V D
Z R U M U F K Y I G W L V Q O X I F P X U J O
```

STRATEGY	BRANDING	RESOURCES
BARRIERS	DIVERSIFY	WORK
ANGELINVESTOR	LISTING	NECESSITY
IDENTIFY	DEMAND-SIDE	RETAINED
CLEARING	WAREHOUSE	INTERNAL
KEYNESIAN	DIVIDENDS	LEISURE
SHIPMENT	VIABLE	COMPETENCIES
DIVERSIFICATION	ALIMONY	COMPUTING

Themed Word Search Puzzles: Issue 15

Puzzle # 24

```
Y B J S Z H G J P Q A E S M A L L C A P U O I
H K X G J V N I Z Z Y D H V J O H Y E K C N I
T L J G N I K N A B H A J Y Q P N V N T H D G
J N I A H C Y L P P U S Q T V C S Q I A A E P
B K U W Z S E C I V R E S I C A R T E L I M K
E N V I R O N M E N T A L R A B J B N Z N A K
G N I D N A R B A O Y O Z G J L X T M A S N G
D K K B M S S F I W K S R E A P L B Y P R D N
T N S T I M U L U S E T N T J G V S H C H G I
W A C W P G J M Y Y H J E N T D Z H W X Y O R
I S K M E D U C A T I O N I H G H K X A U Q O
A Y L E C B Z N A L P S S E N I S U B H W B T
T N F Z O C A M A C R O E C O N O M I C I E I
Z E A K J V Y Z U C O D E C O N S U M E R I N
O R Y J B V E P H P L A N W M L D H H X B R O
D G S U L U D R T P F M Z C I J M R W R F D M
O Y R C Q R O T A G E R G G A M G T X T N Z T
G N I R A E B T S E R E T N I A G Y J G Q N E
```

SERVICES	ENVIRONMENTAL	BANKING
SMALL-CAP	CARTEL	INTEGRITY
TAKEOVER	GRANTS	MONITORING
PLAN	SYNERGY	SUPPLYCHAIN
INTEREST-BEARING	ON-DEMAND	STIMULUS
BRANDING	CONSUMER	EDUCATION
CHAINS	MACROECONOMIC	AGGREGATOR
CODE	BUSINESSPLAN	BURN

Puzzle # 25

```
E F L W E E C O M P E T E N C I E S F F I O K
F C I L D L U Z E S V U S N B V V F P U M I D
A A A J B A I V T H Z O N I W T T M P T Z S A
R S G K C R Y R E C R U O S G B U V I U D I K
G K V C I E A O R E K A T K S I R B D R U N V
V K Q M X T Y T L P V D E V C S Y B C E Z N Z
D Q E H E A X B A E R N O I T A D I L A V L X
Y O G G D L K P N C R H A G G R E G A T O R R
E T Y D W I B O R N M H B P S J K M Y D H O A
R L E G J B O W E E H M H R X O Y R R D G T T
J V B R X P D X T R F I A I H B K A K Y O S I
E K K A C O R E N E Y E H C Y T I L A U Q O O
R T X N I P S D I F X B G D H B A L A N C E T
U P H I Q V Q C A E J D G N Z I G G X D Z D Y
T S W G V E N C D R S O A K E Y N E S I A N E
N B K R H B Y R K P C I T Y P J B E U Y U O N
E Q S A C O N S U M E R A O E U C N H X K U N
V M K M M E C W G Y I P D M A Q F E X P O R T
```

CONSUMER	AGGREGATOR	BILATERAL
STRATEGY	VIABLE	DATA
PREFERENCE	RATIO	QUALITY
RISK-TAKER	FUTURE	EXPORT
COMPETENCIES	VENTURE	PPI
VALIDATION	SOURCE	CORE
SALE	MARGIN	KEYNESIAN
BALANCE	INTERNAL	MACHINE

Puzzle # 26

```
I I U P B G T O Q B V P X P F N Q U A I V L F
X W U R C O P F L B G O O P T F M V E A Y W I
Q L P F G A K R U A M S U T D L Y J E F Y L A
L P S N O I T U B I R T S I D E R B J A M I E
Y V D I D E C R E A S E X A F F I L I A T E P
P W N G H M V N F N G T D V T V P T N M A U G
R Z U L I A E C O S Y S T E M N V G O C N R N
O W F Q J X E H F R W I S T F X T W F P O O E
C W T N E M E G A N A M P Q M U D N X S I D G
E N N S R O T S E V N I F T S R R P S T Y N C
S O A K C Y G E T A R T S M O E V R A I I O W
S I F R E E M I U M P S C P G N C L O T E H G
C S O P E R A T I O N H C T I P U N U S N W K
W S F A I L U R E V A A T Z Y C F P A T T Q W
J I T T S T M N A T W C L R E Q M Z A I L L N
F M P W O R K F O R C E D P Z O G Q V Q L P O
Y J Y I L S N I A H C P S Q C F L O M P E L M
C N T K E I K U Z M U G N A T J M D Y V V Y M A
```

SOLE	PULL	REDISTRIBUTION
MISSION	DROP	PROCESS
DECREASE	SPECULATION	OPERATION
AFFILIATE	GROSS	CHAINS
FEDERAL	WORKFORCE	FREEMIUM
ECOSYSTEM	FUNDS	ALLIANCES
MANAGEMENT	FAILURE	INVESTORS
STRATEGY	PITCH	COMPUTING

Puzzle # 27

```
D V M D C B Z T S E E D F U N D I N G O X Y X
E N O I T P I R C S B U S B D A C M M F M G V
C P L E P S U N O I T I S I U Q C A O X V Z L
R N T G V A H B Q H H K N A K P V I P M X S X
E A I X L R P D W K X L O H G N I T S I L M C
A X P P L K E E V D J U N K T L W X F T T W V
S E W T O J I S R E Y Y I O C E D D X C D A E
E A U I C V D K B E M O N O P O L Y R E U Z L
E N M D Z F T H R O N E T B Z V X Z Q F E X I
D G O P E R A T I O N S E Z R Z W H R R D X K
N E A I S J G N I W O R R O B S I F Q E A W E
M U N T S O W L V I N T E G R I T Y L P R J Y
D S A I R I Z K A S S E S S M E N T S D G E G
C E E Z A O V V D E M B T V F P I V W C W I Y
S N V L I T H O L O W N M I N W L D P F A M F
A R B B A H E S R I N B A U C T I O N F F L D
O C H S A S R R P P I X Q P C H W O R K R W E
Y E J C Z C I Q V R W R F N V K I Q J X F G E
```

AUCTION	ACQUISITION	OPERATIONS
SHORTAGE	IPO	SEED-FUNDING
BORROWING	JUNK	PROVISION
RETAINED	SCALE	SUBSCRIPTION
GRADE	MONOPOLY	SALES
INTEGRITY	PERFECT	LISTING
CAPITAL	ASSESSMENT	NON-INTEREST
DECREASE	OBSERVE	WORK

Puzzle # 28

```
K L Z W O O E K R E M O T S U C O U K I L J I
R D G A F M A S P E C U L A T I O N L N A D Z
K V C G H D S L X T Q S S R Z Y Q E Z E G U N
B K C C H E I U R D M S A O E K J T S Q S U O
T E H L P C N B M E I D C T W R V A N U R J I
R T N G U R G L L B D X B C O S Q C O A R Q T
O O L I F E C Y C L E I C E Y U B O I L O A A
P X S X V A R E K N P F S S T H Q L T I T H I
X Z G C Q S Y Y O M A D Z T I R D L C T P G T
E H T G I E G I T T T Z J V R T B A A Y B E N
Y M I Q Y T T T N R T B J W G I P D R S N Y E
F I U Y U A S C R F E N P K E X B Z T I R U R
I X P E L O L I L K R P V M T Z F U L A Y X E
T E A E A S P X G I N G O Z N C P N T Z I L F
N D R Q H C T I P O H E I R I D O E Q I D J F
E V I P Y Q Y L T R L S O Z P W N C Q M O X I
D S C Q Z R A F G A U D R D V O P V O E S N D
I D Q H K U F E E D B A C K M G K W L I O O Q
```

CUSTOMER	RELATION	QUOTAS
EXPORT	IDENTIFY	REDISTRIBUTION
MIXED	ONLINE	INEQUALITY
FEEDBACK	SPECULATION	DECREASE
EASING	MONETARY	PITCH
INTEGRITY	PATTERN	DIFFERENTIATION
SECTOR	PROPERTY	LIFECYCLE
LOGISTICS	ALLOCATE	TRACTION

Puzzle # 29

```
R K L N M K D H K S Q D I C N W Y S E I Y Y I
H K S V S G D T E V I T P U R S I D T X M F M
Z S J B I C I L B U P E A K T Y R G M U D X Z
M E F Q S J D A Y T I R A L U P O P D B P V Q
R W E Q U E R E D X W D V N D E F E N S E N W
V D X N P T T A C J T B L U E C H I P E L J I
P J D H E I T T G E P T L Y R U S A E R T P P
I G S R C A N D G D N D U N I G R A M U N S S
I P A I B M P I C S T T B E T T H J G L C T U
N A F I A X I D N F R E R P D Q T H L I F R P
G E D U O H Q R K D U W O A W V B X L A L E P
D T F A R D R E V O S Q G U L C P A M F M A L
W I A E M Y X H O B T F M N F I J R P U L M Y
P E N S I O N S A L A C I H T E Z O R M J S D
S S E D A R C G R C I B L I R G R E Y R Q O H
Z R Z X L X I D N U O F F E R P X V D I N F H
M H V X Q L L J D E L T A Z J C N X D F B D A
T H R D E N P W M K N O I S S E C E R G X D J
```

BARTER	MARGIN	TRUST
RECESSION	AGILE	DATA
PUBLIC	ETHICAL	FIRM
BULL	DISRUPTIVE	FAILURE
BLUE-CHIP	OFFER	DEFICIT
DEFENSE	POPULARITY	STREAMS
SUPPLY	OVERDRAFT	PENSIONS
INPUTS	TREASURY	DECENTRALIZED

Puzzle # 30

```
R O T S E V N I L E G N A R T K C E O C T X W
Q O U M R W E D S C N Z S E L B H S A D T C W
N Q T F T S A C E R O F W D X S P P S K D F F
S N M Y U S A L E S I C P L A T S H J L E K K
N I L S M A R T B C T O R O B N K E Z A U Z C
X B S T R O P P U S C M E H H E V Y C N O N A
S V M Y G O V U S F A P V E C M D L O T T K J
A C C E L E R A T O R E E K G E I I R K O W N
O H K D K A F F K O T T N A B T T W N F J R V
Y D S P B E N F M H N I T T E A R N I N G S G
E W O B T P T A R T O T I S Z T Q L S B A Z S
H S C Y A E G X O S C O O I X S C X R M F N T
F I N A N C I A L I P R N E J G H C E O P J P
G R O W T H Q X D X T A O B J E C T I V E S T
H U Y L L X Z E I A G A J M Y L D D R O D A A
G S U R P S C S L R O I R U U D V D R N U C W
Q A B F Y P P D O F W A L M C T D X A N P Z H
V P M U L S S U G T T S P S U Q A Q B T B E J
```

ORGANIZATION	BARRIERS	OBJECTIVES
DEBT	STATEMENTS	LAW
SLUMP	SAFETY	COMPETITOR
EARNINGS	CONTRACTION	FORECAST
PREVENTION	SECTOR	SALES
STAKEHOLDER	GROWTH	ACCELERATOR
CEO	RATIOANALYSIS	SUPPORT
FINANCIAL	ANGELINVESTOR	SMART

Puzzle # 31

```
G Q P T A L E G N A C Y N Y L S D O R X W H Q
G D S G Y L O P O U D Z J B C K E G H H N C J
X V N P R I N C I P L E S O N E C W O I S E Y
N G O Y K N V Q V S U H R D Y U R L E J R T W
J U I R C T Y A I C K E C H J K E I C E D N V
S K S J H S T S D T B F S U L S A Z S N J I K
D Q N D I I M N B W O O N G A D S P A P I F D
S I E K J R S L E H O K G L E K E L U C D R Q
Y X P G O A J E S Z T Y E A Q C P H A P U W
V C R K O T K V K U S I L S T V C E T V B E U
X D T Y H E S E G Q T E E T R L A N I G R A M
D J R O C N O R M K R M E C R O F K R O W O T
S K O P S O D A F N A P C Y V N T P U F V F R
V V P T S M R G X N P L K L U J R O T R Z Q E
G P P I U E D E R L P O R R P W J W W T A J N
O W U O X N H V U M E Y A I Z Y T O U S L Y D
F G S N Z Z A S O K R E E B B B R E V O E K A T
A E N S T Z C W T M I E K P O R T F O L I O U
```

WHOLESALE	LEVERAGE	RESPECT
PORTFOLIO	DEALER	ANGEL
DECREASE	PRINCIPLES	PLAN
SUPPORT	PENSIONS	TREND
SCORE	WORKFORCE	BOOTSTRAPPER
MARGINAL	OPTION	SWOT
EMPLOYEE	TAKEOVER	MONETARIST
DUOPOLY	JUNK	FINTECH

Puzzle # 32

```
N O I T A C I F I S R E V I D H E V L R N X N
C V L K Q M A K N E J M C D U S M W A U G E O
T L X R M X V F A S W E W W X G Z G N N O U I
X G T P P S K J L F Q R B V H E C A O O L I T
D R E G U L A T I O N G Q X T C A X I I T Q U
I N Q U I R Y V M R Q E H M F N P W T S V Y B
M X C X E A L D O W F N H C A A A R A R F T I
D W O W L M O D N I J C V L W I B D N E P I R
C Y X Y K X P E Y J V Y Y S P L I X R V F C T
O D K X Z T R L L V B Z E L S P L U E N B I S
N L A A Q S M C O C E O G T L M I M T O M T I
S T F G X U J Y I Y G J N Z I O T S N C O S D
U C B I R D O R R R M J A B E C I G I D R A E
M U X L Z X N E A Q I E M V Z K E Z K T A L R
E D W I X C D B L O R T N O C T S O C W L E T
R N B T E U M V S S Z Z O T S D R A D N A T S
Y O L Y C E S F R G G C A V I P P M K R B A E
J C I E H T L A E W C G A U T O M A T I O N J
```

CONSUMER	EMERGENCY	STANDARDS
INQUIRY	AGILITY	COST-CONTROL
REDUCE	CONDUCT	ELASTICITY
CAPABILITIES	CONVERSION	COMPLIANCE
EMBARGOES	REGULATION	ANALYZE
REDISTRIBUTION	PPI	INTERNATIONAL
WEALTH	ALIMONY	MORAL
DIVERSIFICATION	EMPLOYMENT	AUTOMATION

Puzzle # 33

```
G N I P P O H S S F I N T E C H U H E I D B H
N O I T U B I R T S I D E R G Y E O B K B C U
S S D Q V B P L C Z D R C J O E K X S F F Q L
A N F U N D A M E N T A L O R P J D E V W P O
N A W P Q Z C O P J E C S F N W M S R S G R D
Y E Q U V B V L W E G K Q N L T T I J O Y O V
Z L N B P M I A D O R V I O A V R N P M J T Y
T N O I T C N U F I A N D I T A G A E B S E M
R E S I S T A N C E T A T S I M P L C U F C U
D X W R F P C C T E D U U I P B Z A N T G T K
V M X E L G O H G N S Q X C A U P P T R I I W
O D A L P S L R U O M S D E C F J F L E D O C
L S Y A T I I F Q D O J Z D F L G Y K S A N N
A N A T X T F Y Y K U U E T A V I R P O V I I
C T T I Y F W I S T R U C T U R E G N U V S C
S Q V O K G L S T O R E F R O N T P R R Q M M
I A I N O I S N O I T P I R C S B U S C C S J
F I G E E H D Y M I J U D C X E S D I E K R P
```

CAPITAL	PRIVATE	RESISTANCE
RESOURCE	FUND	INTEGRITY
IMPORT	TARGET	FUNCTION
DECISION	PROTECTIONISM	FISCAL
SUBSCRIPTIONS	SHOPPING	LEAN
FREE	STRUCTURE	LAUNCH
STOREFRONT	RELATION	CONTRACTION
DISTRIBUTION	FUNDAMENTAL	FINTECH

Puzzle # 34

```
F U N D A M E N T A L R U I S T I S O P E D G
U I N E S A E R C N I U N U L Q M N A A I Q V
M W O E Y S X B V O R E E N P V P K A S G B U
R L I L W N S Y N V E M S E Z O Y D Q P O W E
J N T A M O S X V R C P U T S N R G S Z L X J
K R C S Y I O L T J U L O D I V I D E N D O M
S E U E H T R R S Y D O H Y J D D R X Y S Q G
E A A L F A G T X N O Y G V G P E F C X T I O
C L G O G L D U E B R M N E F R N C F E W N V
N I P H X E V R D F P E I G U O E C R S J P E
A T V W U R I N Z A I N R R L G T N M E X D R
R Y L P P U S O F Q T T A L F R A V Y E A L N
E B N N X F P V L S C A E E I E I B I S C S M
L I O D K N D E M M X D L W L S T J S Q C Y E
O F C T S J D R S P V E C A M S O K B G U H N
T J J P O C G X R R Z E K R E I G N N Y J U T
W C R E G U L A T I O N H P N V E S E V O P J
D C K Q I O A I B O W Z E B T E N B J Z I X H
```

AUCTION	DECREASE	RELATIONS
NEGOTIATE	TOLERANCE	DATA
INCREASE	DEPOSITS	SUPPLY
FUNDAMENTAL	TURNOVER	FULFILMENT
EMPLOYMENT	PRODUCER	GOLD
GROSS	REGULATION	SYNERGY
WHOLESALE	GOVERNMENT	PROGRESSIVE
DIVIDEND	CLEARINGHOUSE	REALITY

Puzzle # 35

```
R B R E S P O N D E N T A H J L S Z T Q K S N
A D M I N I S T R A T I O N O S A E S O Q O O
A O O O N B C N E X V X D N A R B E X Y F O I
P C Y B E R S E C U R I T Y I I C F D N Q I T
P E R O T A R E L E C C A N R I C C D H Q O P
R H R R Q V H I Q T N N N V V G I F T I N G I
E M G I V U M D P F J O M R U U L F H E F Y R
C I E W T L M E K F V L E N G N H I A P O N C
I I C R B E C N T A G S Y V N F Z W A U U E S
A W O U C C R J T L R P N N J Z T C A M K G B
T G M U A H N I Z V E E A O T X M C D U E O U
I L M Y C U O R M P D Q P I B L P S E D V T S
O K E G O N O P A C I N M T M U N A F D S I E
N P R O M O T I O N S A O C W K Y S Y O A A R
R G C F C Q K U U F N O C U J V A B U N I T O
X M E D R Y M P U L I I X A P O F A A F O E C
V T Z J L A I S S E Z F A I R E M Z P C I S S
H Z Q J C X N O M F U X C E R K Q H N E K G Z
```

AUCTION	RESPONDENT	APPRECIATION
ADMINISTRATION	RETIRE	ECOMMERCE
SEASON	SCORE	COMPANY
ACCEPT	LAISSEZ-FAIRE	BRAND
BUYBACK	NEGOTIATE	ACCELERATOR
EMAIL	INNOVATION	INSIDER
DEAL	SUBSCRIPTION	PROMOTION
SERVICE	GIFTING	CYBERSECURITY

Puzzle # 36

```
N Y T E F A S S R O T C A F E G F B O B Y L N
N J F F Q E B S S N A L P S S E N I S U B C M
F Z C A T E V O T K R S O H Z W S S C R E M O
H L M C N X L W Z I P B R H O W H Z B N F N N
B N C E F U G R T P S M M L A R O M G Z O U E
L F F T T X E S Z I D O C L R D P D D W P G T
T I R I I Q O B B G A T P S N L P J T P M W A
T W O E J S U O E N A L L E C S I M D B W G R
N N E O T T J N Z S M A R T D U N O O P O M Y
S Q M X Z A F D G E W D M X L Z G M X A T J G
W P B F G C I M O N O C E O R C A M L H T S N
N O A K G U R L X E C M L F D B U S M T J S I
G S R S Z F Q E E K N C P A C O R C I M A W N
Q I G P E V I T A R E P O O C Y J H T V H S N
Y T O J P Z M G R L B A L G W K C G I N Q M A
Y I E O H O B J Z S I R B O M O B N X V I I L
W O S D D J T M I E Q T S E R R G T J Z L O P
K N T A E W Z Q G U F C Y P L J I A B G D M J
```

RETAIL	BUSINESSPLAN	BENEFIT
MONETARY	MICRO-CAP	REALITY
PLANNING	MORAL	BOND
MISCELLANEOUS	SMART	SAVING
EMBARGOES	POSITION	GOALS
BURN	JOINT	DEPOSITS
SHOPPING	SAFETY	FACTORS
COOPERATIVE	MACROECONOMIC	SOLUTIONS

Puzzle # 37

```
C T B A L A N C E F P R O T E C T I O N I S M
C Z A J L Q V B A H E M C Q E L V E A D N C Y
G F P X E J V Q P N G N I F R A A U L I V G F
U Y Y E C R E M M O C E C I S D F B X G A N Z
Z G V U T G H R Z K K U Y Z N N U L O N U I S
K N O I T A C O L L A O U S O O F X E L I K K
L A I C O S H T D E X I M L I I U M W Q G A R
S K M E R C H A N D I S E A T T N S G G N M O
I R E C U D O R P G M Z V I A A D G A E B N W
W L U J D Z D E O N A H P S R Z A K M R F O T
H C I B N O I L M I N H J S O I M Q G Z S I E
N S L F L L S E O S A J J E B N E T W C U S N
E H J H E J C C A U G F P Z A A N A G G X I E
I S T T M C U C L O E P V F L G T R Q H S C D
V X H O W D Y A H H M M K A L R A A G I I E F
Y C R O G E Z C M X E R E I O O L F O O J D U
Q A O I P G H D L N N Z R R C E O E H D C I O
L V F Q Z O V S E E T L V E F T Q C N X H N C
```

PRODUCER	CHOICE	PROTECTIONISM
ORGANIZATION	FUNDAMENTAL	LAISSEZ-FAIRE
NETWORKS	COLLABORATION	SHOP
OIL	MORAL	ALLOCATION
SOCIAL	MERCHANDISE	HOUSING
DECISION-MAKING	BALANCE	ACCELERATOR
E-COMMERCE	MIXED	LIFECYCLE
MANAGEMENT	TAX	GLOBAL

Puzzle # 38

```
M S A V I N G S S E E T D G V F H X S L Z W J
S U S T A I N A B I L I T Y N P C I Z E X K F
U W S T A N D A R D S D V L Y I U J D V G H Q
A P P K B A R R I E R S R M N C N E I A O V M
S L Y V B D I C H A N N E L N F Y R Y R J D W
M R S W U A N O I H F A V D Q K I C A T V T Z
O S T Q Y N T N K G X G A R J M D R L E W X I
O X A N B D E T S E I T I D O M M O C E L Y Y
B C K T A J G R J F H D M K E B D C B E S C U
O U E L C Z R A G N I K C E H C X Z L V N J Y
E S H U K C I C J Z F H Q N U S V F J E H I C
X T O C R K T T W W Q U G K B M C J G X Y Q I
C O L D N O Y Y A K A C K F T U N N E W N P I
H M D K F Y D L H L L C W U P A I O Y S C S K
A E E A W X W N I I J O E O I T X H I W X W I
N R R W R Z C T E X Z V O R N B U E B W O Y Z
G I R A E X Y N Q V I N Y O E W X R S C K F Z
E L S X Z P T U K E H G C U E C O S Y S T E M
```

EXCHANGE	CPI	INTEGRITY
QUALITY	COMMODITIES	ECOSYSTEM
CHANNEL	CHECKING	CONTRACT
TRAVEL	CYCLES	BARRIERS
BOOMS	CUSTOMER	TAXES
STANDARDS	SAVINGS	BUYBACK
VENDOR	CONTINGENCY	SUSTAINABILITY
CLIENT	STAKEHOLDER	LEARNING

Puzzle # 39

```
P E N O I T A Z I N A G R O P M H Z K H A E W
I T R N L L G J M D T E Z Y L A N A D Y X P R
H A P I A C K V P A S A A A E R I S E D S W P A
S R P C U K N X R M E U W T W N J B F I H A L
R E N H N N L B O H I T G N K L A C I H T E R
O M D E C Z K X V D D O J E C N A N R E V O G
T O H L H I H H I R I M V M W W O R W G L N N
E L L G A U K A S J S A M Y N G V I T T F T J
I G Y B Z T C S I D B T C A S X B A P E P R Y
R N U F A C I V O W U I D P R T R Q M T W U C
P O M Z E Y Q P N D S O M E Q I Q M W N H K U
O C O P E E G U A V O N M R F P H A Y I P S E
R L T N Y H I O Q C K C R F N L F C I D I E N
P N M I D O T L L O G I S T I C S H F Z B C F
Q X R A I W N U F O R M A T I O N I L F J A P
E V I T A R E N E G A C E D C N S N I P F L I
H N O I T U B I R T S I D U K W H E P P Z P H
Z F C A N K R F Y B U S I N E S S P L A N L W
```

CAPITAL	NICHE	PLACE
TARIFFS	BUSINESSPLAN	AUTOMATION
CONGLOMERATE	WTO	DISTRIBUTION
LAUNCH	SUBSIDIES	DESIRE
ANALYZE	ORGANIZATION	FORMATION
GOVERNANCE	LOGISTICS	REPAYMENT
PROPRIETORSHIP	GENERATIVE	ETHICAL
PROVISION	ACCEPT	MACHINE

Puzzle # 40

```
Y Y Y N K E Z M X M Q L Z E H Q M X P M G D E
W N F C P U Z D Q R V N K C E J R J I W L W M
C O P C C U J T D S X M B N S R E G A O T W I
S I K A I V B Z E R U L I A F F T H G Q Y H B
S T A E P S T D H G A W L I T T E U U S Y I Q
M A R E P U T A T I O N A L S E I L P P U S N
D D B B G R Y E H A V D O P I Y M M U R P L I
S I N R H G E Q K O C S P M R R O P P O Q P H
E L N J R I I C V R O O T O A O Z C S D I E L
D A M E D N J R E D A T I C T T L C M U F R H
B V N A X L L M M S R M O Q E N H S U C Q F Q
D Y D M T W U S L I S V N M N E C C I T Y O E
S E P U L L Y L X W B I S H O V N B M M G R I
Y U E C O N O M I C H D O D M N U N E A P M R
U K P C I L B U P C V N K N G I A F R R K A W
R J T P Y F N V T M H H O F S T L W P K O N I
B W E V L T Q I D E C E N T R A L I Z E D C F
W R A C G Y P T N E M E R I U Q E R L T U E Y
```

SUPPLY	LAUNCH	RECESSIONS
PULL	MARKETS	VALIDATION
COMPLIANCE	ECONOMIC	REQUIREMENT
PREMIUMS	PRODUCT-MARKET	GOLD
PERFORMANCE	SUPPLIES	REPUTATIONAL
MONETARIST	PUBLIC	SYNERGY
INVENTORY	PITCH	TERM
FAILURE	OPTIONS	DECENTRALIZED

Puzzle # 41

```
T B T A E S H N D B U C Q V F B M P B O G E I
J F A E O D D A D X E S U O H G N I R A E L C
H E F K L P I A N I V D S R W U Y V J I S C V
L E Z U E L Z N D I V E S T M E N T Z H C L P
I D S M N X E Y E D G O Q N V W J N Q I X E F
B B I I A X G R J E N F K O I N D I C A T O R
E A J N R R V A F F I I C N E E C C G X P T B
R C T D E Q G V M I W N O I I T E C Z Z F L N
A K C N O W Q I P C O A N N P A W B B A R W A
L Z E J N S N P N I R N T T M I X X G E C C S
I S N K B F G E O T R C R E S L Q O S B Q N G
Z E Q H A W A R T C O E A R Y I Z N Z U R J J
A A M H O G Y M D C B F C E O F Q U I N H B H
T S N O I T A L E R H I T S Z F M R Z E W A G
I O B E N E F I T M A U I T O A E W B O W E F
O N I A L D B C N C M F O F A C T O R S F E V
N W R G Q S T E S S A X N J I K O A L M J O I
M C X I B A C C U M U L A T I O N T H V F X K
```

PRICE	BORROWING	TELLER
ACQUIRE	DEFICIT	ACCUMULATION
AFFILIATE	CONTRACTION	NET
HDI	FACTORS	RELATION
CLEARINGHOUSE	ASSET	MARGIN
BENEFIT	LIBERALIZATION	FEEDBACK
FINANCE	DIVESTMENT	NON-INTEREST
SEASON	INDICATOR	ENERGY

Puzzle # 42

```
M B F T E K O U A H N O I T A M O T U A E X W
P L W S Y Z T V X X L K R P S Z U Z D H W T D
K K L E T U P N X H A T Z E H L R S T B G Y N
E V V G I L Y D E R I V A T I V E S N A H R N
H K R M L T R L K U M F Z B N M Y Q X S X L N
I H I E I B C Y X J I P I O C P L A N N I N G
G Z S N B X T R A C K I N G O N W J Z P C E N
N G C T A L L O C A T I O N M S W R E N C O E
I B I E I L P N X C A N A Z E K F F L N I V P
D T M K L C U M Y F C D O Q O N Q I A T I I L
N Q O E U L P D O X S E X T E C K M A S H L O
A Z N E C I T S U J W X O T L E R I S S U D W
R I O W P P R E F E R E N C E O R E R B F G B
B I C Z Q V A X P M V F N U F T R E B B R O A
B M E J S B M C F F Z E J R A G D V E U I I C
F K J X G Y C B A T E U E P O A Z E Q B Y R K
D D P G J G I E U S C P E R E T Q R Q B L E E
M A C L E K P Y K P H R P L O G N B O Y N G R
```

BUYER	PLANNING	LEADERSHIP
ECONOMICS	PLOWBACK	PROGRESSIVE
SEGMENT	DERIVATIVES	INCOME
CRYPTO	JUSTICE	PREFERENCE
TRACKING	LIABILITY	INDEX
REPATRIATION	ALLOCATION	BRANDING
CASH	ETF	PERFORMANCE
NET	TAX	AUTOMATION

Puzzle # 43

```
S O B Z Z B F D E F M K C D J V S M Q Y G Y S
A I E V I T A R E P O O C Z Q U X O H A M F R
E K J W S T A B I L I T Y C R N A R A F I A G
K M Z N L X R I X A H H Z O E S Z T I H S I W
D T S E E D F U N D I N G Z V U G G R G S T N
S N F P X A Y A M L Q W Z C O O J A I A I P S
H E R W C J I C O R K N R S E U S G T X O E D
S M K R S V C N E K Z S D K T S E H C N G J
O E Y W M A G U E A X O H H A F E L E D O M L
S T L C O J P M T L L K E I T L N R X D D E T
I A F P N E G U A G S Q T P O O R Z P Q S C V
K T N M I L V L R P X S R O O W I J G G F N M
R S L J T C Y A I F O R E X V D A Q G S R A T
Z L F R O R N T S W T N T W P I F U U E I R M
I L N V R P O I T P X A L K X C P P Q L M U C
P U R V I T M O R A S S E S S M E N T P X S F
V B Y A N P K N Q P L W H X Q Q U Q E B W N Z
T G T U G D S T N E M Y A P X G T A C Y L I A
```

MISSION	ASSESSMENT	PRINCIPLES
LOSS	MONITORING	ACCUMULATION
PIVOT	MAIL	INSURANCE
TAKEOVER	SEED-FUNDING	MODEL
PAYMENTS	STATEMENT	BULL
MONETARIST	COOPERATIVE	STABILITY
MORTGAGE	REAL	FAIRNESS
OUTFLOW	FOREX	GIG

Puzzle # 44

```
S I N T E R E S T B E A R I N G S P P T P P H
P B U Z A V R A W H Y N T W N G W E Q M B V S
D O Z E R O B A S E D I Q R Q D I X X V X X H
A O F X T I F O R P O M O J E P Y Y H A S Z I
L T X K L B O F O M W Y D S U D S G L Y T Z P
E S R C Z U D C V C B Y G H E X N T R J T C M
J T F Y E I P I N S I D E R T S G U O E K B E
B R B P O F P R I N C I P A L U A Q O C N J N
U A P V P Q Z R V O D J A Q Y H I Y O F K E T
K P A P K I G A U O N O P T I M I Z A T I O N
X P K T J A L A T N E M A D N U F U B W E G R
U I C T D C S K K V D P T N E M E G A N A M D
U N Z C D N Q P J U I P P F S F F H U U H D M
S G T P O L A R O I V A H E B W U H M S V Q Y
Z T P R U H X H N O I T A R T S I N I M D A K
H U L C U E W B X W D K P P Y C N E G R E M E
N L R C K S N G S J C R Z Z Q G Y Q L A X N X
W R S O L U T I O N S N I A H C G M J Z T K Q
```

STOCK	PPI	TRUST
PROFIT	TAXES	ENERGY
CHAINS	INTEREST-BEARING	PRINCIPAL
AVOID	OPTIMIZATION	SHIPMENT
INSIDER	ADMINISTRATION	FOUNDER
BOOTSTRAPPING	GDP	ZERO-BASED
MANAGEMENT	FUNDAMENTAL	BEHAVIORAL
DIVIDEND	EMERGENCY	SOLUTIONS

Puzzle # 45

```
H F A L E M P L O Y M E N T N C N J T Q O B E
C L C O P Q Q U N E M P L O Y M E N T L C L G
K K S O C U Q P Z V X E H Z Y M J U Y O F A S
W D I D C A G H Y V R P U J V J Q D F R W C M
X N L U U L Y C R M O S I P C S T R E T I I X
T G I R D I I T P E C C A G R E E M E N T S E
L E A A U T O X K I A N J Y I V H M H O A S L
U U T B M Y P P T R Y I T Y V D F M L C K A Z
W S E L B T A O T A R Q Z F K H H L G T K L D
X D R E M R B C T I M N V C B Z O X H S W C T
N Y V K T O G H H L M T C V L O S S Q O E O E
L O B S R M N A C P T I C P H O Y H S C S E K
D G O L T Y Y I B O D S Z R J W U B E J T N R
L A S E M A E N W L M M K A K V U D C C A A A
Y T H G P L R S Z L E M F G T L F Z I N T H M
N S O N I M R T Y E D Y O C L I R S D A E M C
O G P A D X O M S S A F P N E J O P N E N M D
R J X T Y M N Z S L S E Y H B O Z N I W P Y C
```

MARKET	DURABLE	ANGEL
QUALITY	ACCEPT	CLOUD
COMMON	NEOCLASSICAL	SELL
BULL	COST-CONTROL	CHAINS
AGREEMENTS	SHOP	ESTATE
POINT	UNEMPLOYMENT	EMPLOYMENT
RETAIL	STARTS	OPTIMIZATION
LOSS	INDICES	ROBOTICS

Puzzle # 46

```
I L B H I C E C C U P L Z A J C T H Y B R I D
E C S D F D T S C I T Y L A N A W G I N D V Q
J H Y N A E J X W R O I L R E T A I L E Q J J
U X Q Q P D S Z H S M F S M A G Y C I E I L B
N U A S H L D L O G N R Y T Z N R L G D H N T
K I G M I C R O C A P O M Q N E T H A K J K P
Y L H O R G A N I Z A T I O N E B I G G P N A
T O O I P E D L T Z P G F D Y E M T T X I R O
I W S G T T P Y S E B X G E Q X K T W R S G H
V Z E Z R K J D C E K I K B E D M K R R U J J
I S T V T V O R V T Q D F T F D B E K A N S Q
T F O Y A O O S D M O W L E I L V P N O P H T
C O S D G F W N I E J G A R H D Y H G F U E P
U V F D K K I O G L H W J I Y E N O M M H V D
D N S R R V N M G Q V D A S T O L E R A N C E
O E O R Z W J P P F C E R E O L I G O P O L Y
R W F U H L W F E X P Q R D U X Z F T L G L S
P L A O G T N Z R E T R A N S F E R S Y T J S
```

GOODS	PRODUCTIVITY	EPS
WORKFORCE	GOLD	GIG
OLIGOPOLY	JUNK	DEPARTMENT
ANTITRUST	TRANSFERS	DEBT
TOLERANCE	ORGANIZATION	NEED
MICRO-CAP	MONEY	HYBRID
RETAIL	DESIRE	ROI
GOAL	SILVER	ANALYTICS

Puzzle # 47

```
X R H E J Q Q T O P T I M I Z A T I O N L G Y
S M A L L C A P H H J B M G H S N U C X J D M
Y I D G C C M L E N D I N G D W O L A X J P N
J E P R E T A I L A P R I V A T I Z A T I O N
Y R A D N O C E S C E N T R A L T A A N L L E
X F Y R R A O Q Z I D S A M K R A I T T U K W
J S K C I L C D N A S K C I R B R T A R G E T
D C Q T J C F C E A C Q U I S I T I O N U X I
Q A W Z I W O D V R P R O G R E S S I V E S C
H O U S I N G M I V E B P G X N I W E D I R T
G S A P U T C H M X R G J O B Z N M R O D M B
U E Y M I A L C S O C A U S H O I W S N G M A
E R I U Q C A T G C D Y Z L N H M E O A U W X
K Y T N A R R A W Y H I Z P A I D T F T J K D
N S N O I T A R E P O I T M I T A A Y I P N F
G O R F I U U X O S F W H I N A I H I O A H D
T I Y C N W C X F E U U X B E S R O C N J O H
G F P M F S F N D N C Q N D H S S U N V E G D
```

RETAIL	LENDING	OPERATIONS
CHAINS	SECONDARY	OPTIMIZATION
BRICKS-AND-CLICKS	CENTRAL	CLAIM
DONATION	YEAR	PRIVATIZATION
SMALL-CAP	ADMINISTRATION	HOUSING
PROGRESSIVE	DEREGULATION	TARGET
WARRANTY	ACQUISITION	TRUST
ACQUIRE	COMMODITIES	DEFI

Puzzle # 48

```
B V D L N O A D Q Q E P E M B T B O G C G X Z
I Z G R O T C A R T N O C T S E U Q E R Q M V
E G B W I M C K F L C S E Y E P O W M E J A M
M B R B S N R G P B A G E C M D E W O R L J Q
M J I H S D B E B W I Z M R F K I Y D U R J C
Z M B U E Q O Y C N A H K O V I C E E T D Y Y
Z B E S C U Y C M N B J K Z N I N S L N F F R
E W R G E S D I W Z A N M R K E C T G E U R G
Y Q Y E R V N J A S Z M O X T J Y E E V A N K
H W U B P D I I S H P X R I D K Q J S C I T V
E D O I U A A T A H T H D O T L H P U N H A H
D D E R L L Y B C H R L B M F A V R R L Z G A
Q P J C K I L M P E C O F F E R D A N Z P R L
X C F A R F B L E G J Q P Y T V E I M D L O D
M W W L Z E O R P N X B Y E S L A P L G C W S
U W A T P F A R I P T J O A X B G F L A W T X
Y P M N X F L S C U X S B A A N Y Y M Z V H E
D X V B T Z G H E E M O B C R E L L E T O V F
```

SERVICES	REQUEST	VALUES
WORKFORCE	BULL	FINTECH
CHAINS	TELLER	VENTURE
MODEL	VALIDATION	GROWTH
PERFORMANCE	CONTRACT	DECREASE
EQUILIBRIUM	RECESSION	REPAYMENT
OFFER	WANT	BRIBERY
MONEY	OBJECTIVES	LEARNING

Puzzle # 49

```
R P V O L A T I L I T Y Y T X V Y T I U Q E N
Z T R A N S A C T I O N N Z T P H I N F L O W
P C T N P N G E A G Z B G D T Y A V K A G B I
E M N O P I T Q T U K U I U R D Y T N K T T K
S J D L P X N D X S P V M T S Y C O T F X G U
U P L G W F K E Y N E S I A N H O Q Z E I Z G
O M Q Z J C Y T I R U C E S R E B Y C Z R S V
H P T B E X B B S I N T E R V E N T I O N N T
N G A K H N N I Z U X S X E P R K Q Z N X E J
O O Q R F G F B Z T M G E D E S E L E W J C C
I L Y D E Y F V P P A L T I N V C L B L N N O
T D C V B Q V R N G R U A S R T G A A X B E I
C C U S Y O U U Q G A L E N X E I J R E F R M
U T E G X I Y E R C P I D I B S C O G C D E J
A L F B J R Z C S R S X N N X E R O F Q E F W
L I R I N F R A S T R U C T U R E R R D N E I
I F S K R O W T E N B T W Y Y J G N R G X R V
G J X G C O R A T E T N O R F E R O T S Q P J
```

TRANSACTION	GROCERIES	PREFERENCE
SELL	FOREX	SCARCE
GAIN	INTERVENTION	GOLD
NETWORKS	INFRASTRUCTURE	DIVERSIFY
REQUEST	STOREFRONT	DEALER
PATTERN	EQUITY	INSIDER
AUCTIONHOUSE	RATE	KEYNESIAN
VOLATILITY	INFLOW	CYBERSECURITY

Puzzle # 50

```
W B I O J P R O V I S I O N S U K E X B W R L
F V K G G D Z V S S E N I S U B C R A T I O C
C I C V R B R O K E R T D X M H Z I F V V D U
O J F S E T Y M D N R R Z F E D S T L G O I W
M Z O D C T Y U T G T E E F U I C E Y B I B W
P B V E E Q V Q S M I N X T O W S R R W U G I
E J K A S I X Q A E X D P L A R S C V P L P M
T O Z S S S R V K T C S O E I P M X Y D M F L
I B W I I Q J K I C F P R K R E X F F I T V G
T E F N O N P A B Q U O T A S N X I Q G S I N
I H Z G N H O L C R I S I S G S F N F F B D X
V M B K S W X V P R Q U Y Z Q I K A V S T E Q
E U S I P E R F O R M A N C E O K N K J T C N
P N O I T N E V R E T N I B C N B C E R O C S
P D Y Q E U I X S V R G F I O S V I V K M L X
N C U T A I M D T B B D P R X J M A M F N Z V
S E C N A T S I S E R P B W Q F B L U Y G D C
P F N N I F Q W H E E R T B O L F I J F Z M B
```

BUSINESS	PUBLIC	SCORE
FINANCIAL	SWOT	TRENDS
EXPORT	EASING	BROKER
RETIRE	PENSIONS	PROVISION
PERFORMANCE	JOB	CRISIS
INTERVENTION	GDP	RESISTANCE
BID	COMPETITIVE	QUOTAS
RECESSION	RATIO	GIG

```
A N A L Y Z E V B X C E C A L P T E K R A M U
H S F M Y Z A C L A S S I C A L L D D J W E G
O R R Q O K Y C P R P O P R W X D E C E R E N
E T A T S E T I D E R C S Y L K C B V E B O O
P Z R S U N I B D C J E D P Q H V T Q K H I I
Q V N D I R S D P Q A O V T X G Q U K L T E T
T D C G R W S S I O P C T O O N I F L E T H U
V H R T L V E P P T O E S W M R J B R V Z D B
W A L Z L Z C X I N K E T T E K Y M Z E P E I
M X E W T Z E O V R D Q M M E O D O D R A G R
P H U A I K N E A B R E E S B G A U K A Q O T
A E A W C S R M Q R D N C S E O E F Y G T U S
Z M L J E S G K H I T K W I Y C D L Q E R A I
X E O O I R X C R B E B J J S C I M E N R A D
Y X O O S B O D P E C J X I V I V D O S K N E
S K N P K Z Y C B R G Q W A D P O V N Q K X R
C S G L Z K B I S Y W T O B V U E N Q I O H W
L R V Q R W T S B X R Y F C L R M T N K S D L
```

MARKET	LEVERAGE	BRIBERY
CREDIT	OPTIONS	CONVERSION
MARGIN	WTO	DEBT
ANALYZE	TURNOVER	DECISION
SCORE	SOLE	CRYPTO
REDISTRIBUTION	NECESSITY	DEBIT
MARKETPLACE	ESTATE	CLASSICAL
REQUIREMENT	INDICES	DATA

Puzzle # 52

```
Y O H D J H N J D S U P P L Y C H A I N E L R
I A O E C L E U Z S A J Z M E T R O P M I O H
M W F L O P O I A C E O T A A T I G I E I P J
O E X I N L C A P F O A S U U E J S D J D G J
H Q V V S M L M U I M E R P C U T U S V D I N
U U H E T O A S N Q K L Z L H C C O H E X R Q
O I P R R G S E M P L O Y E E A T I U F C P T
J T Z N U V S N P T T D M U T P X A I F D E J
Y Y J S C Z I T N A W H Z I Y Y V L F F X Z N
Y S P R T U C I O D P Y O R N O I T O M O R P
G T K R I N A Y U C T N C Q G K D Y W V X U C
N A I O O Z L B J N O I T A M R O F S N A R T
I N W L N D A V A I L A B I L I T Y U F G F Z
T R Z U I Z S T A B I L I T Y R O T S E V N I
F Z A L I G E W C R O T S E V N I L E G N A U
I Z V T B W A T T A G N P P P W B D R V A W M L
G G S D E W C Y B E R S E C U R I T Y W W I T
V S M I S S I O N X H J N O I T C U D O R P S
```

EMPLOYEE	AVAILABILITY	AGILITY
MISSION	CONSTRUCTION	TRANSFORMATION
IMPORT	EDUCATION	DELIVER
NECESSITY	NEOCLASSICAL	PREMIUM
GIFTING	PRODUCTION	WANT
PROMOTION	INVESTOR	ANGELINVESTOR
TEAM	SUPPLYCHAIN	STABILITY
EQUITY	CRYPTO	CYBERSECURITY

Puzzle # 53

```
C V A J J R C J L X T Z N J G B C I L S E L S
E C R O F K R O W C P W T D B Z O R K D N K K
G L O B A L L O I O X Y G C J A M K M N G W A
L L U B U A P L R J M Z I P E U P X D E X U F
R Y J S I H F Y R U S A E R T R L O Y D A I K
Q L A C R N O I T C E J O R P H I B S I E V O
B O O K O P D E M A N D S I D E A D F V K F V
Q S Q C L Z D A S B A U S Z I B N U G I S G N
Y T I L I B A T I F O R P L T B C Z Q D O H O
P R O F I T T F M U L T I L A T E R A L L Y I
B F D D O U M W J B D K R Z Q O H Z Y F E B T
Y F C N N H H D A W E L O O W L G N Y X X P A
N F I H C Y Y R J P I H S R E N T R A P P H D
D T A R O B R R H S N S V V K M T A X H L V I
O N G L R I J R E S P O N S I B I L I T Y B L
J S V P E C C P P Y R E G R E M S W T K K W A
M E D R U L F E B T C I A R C J V I V L K Y V
I J S W R P X D X D M A C R O E C O N O M I C
```

PARTNERSHIP	WORKFORCE	PROFIT
MERGER	DIRECT	DIVIDENDS
COMPLIANCE	SOCIAL	TREASURY
ATM	CONFLICT	VALIDATION
SOLE	RESPONSIBILITY	CHOICE
BARRIERS	BULL	PROFITABILITY
GOALS	PROJECTION	MACROECONOMIC
MULTILATERAL	DEMAND-SIDE	GLOBAL

Puzzle # 54

```
C O R Y B X R D T P B M Q E C A F E U T E O R
S P E T S G M T N E Z B S G C E B L G S Y K O
U R S I X P O H Q U N Q C E C B X O R U L H T
S O O D V Q R E O N Y S N R W B B R X X Q K S
M M U I M A A O G Y F I U R G H E U D J A B E
Q O R U F P L R M F H O P L O H L R L E A S V
X T C Q W S S Y E C S C D E P B N Q L L T P N
O I E I U B K Q A E L M O E M X C O R A L M I
L O S L S A Y M R A X F O M P T F Z I A O I L
L N M L E W W A G D Y E T R P V J E N T Q G E
P R I C I N G E Z M S A D P G L K N H A C E G
E G K M B Z L J U T Z R E A Z P I A C N N U N
S A R E K A T K S I R N F P T N P A P C A C A
K S A V I N G S B B F I L A G S Q Q N Q W T I
A Q E L Y G N C C N S N W P N O I S I C E D Z
Y P N U X N Z Y G K R G Y N O I S N E P E Z P
Z X K M W P R Y S E Y S E Q U I L I B R I U M
O D R I N F R A S T R U C T U R E P Y Z W J E
```

AUCTION	BULL	MORAL
GNP	ANGELINVESTOR	PRICING
PLANNING	PROMOTION	RESOURCE
RISK-TAKER	INFRASTRUCTURE	LIQUIDITY
RESOURCES	GOAL	COMPLIANCE
EQUILIBRIUM	DECISION	PENSION
ROLE	EARNINGS	THEORY
SAVINGS	LEGAL	MACHINE

Puzzle # 55

```
Q M B C A N G E L I N V E S T O R C V T W U B
Q Z G M O J N F S P B V F Q H U R Y Q G M K A
H N H T B J C X U O H Q D U E K S A T A Q O Y
H R I B J S G V N P Z Z F H L E E N K L T U C
S N D G E Q K L K U S L L Q F S Q E Z Y J I A
R U U J C X G P J L C L E C N A R E L O T P I
L W L G T N U O B A K N H P O L I C Y V L V O
O O B S I C N F P R O S W O L F N I P C K T K
F X S K V O T J A I N F R A S T R U C T U R E
B U R I E R Y C T T V C Z U U L V L W Z A F G
Z O N G S E U A J Y N O Q P E C O N O M I E S
W G C D A G U A C A I C T L U S J G N M S L O
U E H G I L R B U S I N E S S H G T S D K O E
O Y M P A N Y A M K T S B W Y T L R T D T Q
E P T V E R G U G U R F P G J X M W O I C Q N
W K E P V A S W V A N O I S N E P U O B U Q O
Q C N D Y D K O C N Q C O N G L O M E R A T E
W J S R T T N E M N O R I V N E K G B V G L F
```

BUSINESS	PIVOT	CORE
GROWTH	EVALUATION	ECONOMIES
CARTEL	MAKER	POLICY
ANGELINVESTOR	GLOBAL	CONGLOMERATE
TOLERANCE	TASK	WORKING
ENVIRONMENT	POPULARITY	PENSION
CEO	FUNDING	INFLOWS
PEAK	OBJECTIVES	INFRASTRUCTURE

Puzzle # 56

```
T T I D X T E V L S Y X A P F P M T G R Y J T
I O Z R M S X C H Q U S O L V E N C Y E Y O X
N A S V H Y P L R K U I C V S Y J Y C E M D Y
T L N O N U X E V E A E I M L B G R S N E B D
E L O Z W L S A K I R O D V E I B T Q G T H S
R I I D P N L D Z J D U Z B T O W S Q I Y L E
V A T J N P E E Y R T O T Z Y R J U B N V J J
E N P Z S I U R J E L B H C U H L D V E T V Y
N C I D D N Y S V G T J S C A R Y N L E P H R
T E R L L V S Z S A T F A F E F O I J R A E E
I S C Z E E U A I N C Y C P N I U Y F I C A X
O R S W I N Y R W A D L U V S L T N A N D L G
N O B I Y T L H K M N T O N A I I Q A G I T L
I A U C F O M O V E A D A U L P T H N M M H L
K S S E N R I A F T C P N A D S N I A H C A P
P E H T Z Y R B I S X R U J T C I L F N O C N
I Q X T P Q U O S E F Q H A F F I L I A T E H
R H K M G U N A W I Z A S A H A H D N L W E U
```

INDUSTRY	CHAINS	MID-CAP
QUALITY	HEALTH	REENGINEERING
MANUFACTURER	ROI	MANAGER
OWNER	CONFLICT	YIELD
ALLIANCES	LEADER	SOLVENCY
FAIRNESS	CASH	EXPANSION
INVENTORY	AFFILIATE	INTERVENTION
REPUTATION	SUBSCRIPTIONS	CLOUD

Puzzle # 57

```
Q Y H C K U W T I V V D H I M Z I M L G L R U
B R N I X W M O I Q E S E T K C W R C J A V A
E T D A E E K E S R U E A Z H H F R C E C E J
L S T C Z F N O I H H I K R C O Q U B X S F Q
A U H G C I P V G N R M B J N N D M T E I R N
N D J Y H C A P R E K O R B A E G T D U F P C
O N E C H T R A M S L N S X R S S I O D R N M
I I A E I E S T P M E O Y R B T S D O O G E R
T M R V D T L W S I D C J P T Y B T N M R M S
A F E M S L D B X T O E I N Q Z S V Z Y R N U
R S A Q J P E R A E M O C L V G L Y D D Q P A
E R W R A R A I P R Q U N E M P L O Y M E N T
P R E K D B R Z Y A U Y P I H S R E N T R A P
O W U R B R Z K J T O S X V C J A M W W L K K
N I D V I B E R V I T U N A S L G O N K M X J
R G B E G F C V V O A U Q I R D S C F U Z O I
W D T E G D U B O N S S E L P I C N I R P O S
A G E J R E A S I N G M O P Z O Y I N U D J I
```

GOODS	MODEL	PRINCIPLES
INCOME	DERIVATIVES	MACHINE
UNEMPLOYMENT	QUOTAS	BUDGET
INSURABLE	ITERATION	FISCAL
BRANCH	PARTNERSHIP	OPERATIONAL
ECONOMIES	BROKER	EASING
INDUSTRY	OVERDRAFT	HONESTY
YIELD	FUTURES	SMART

Puzzle # 58

```
C X T M H B E Q H M R H Y B Q U V Z G V Z W O
P H E R C E Y T I L I B I S N O P S E R F L L
Q Q S E V I T C E J B O B R E A K E V E N A F
G Y W J B K Y B N B E V H Q X X E S U X N R J
F T I D E Q U I L I B R I U M F D J B M C E B
O A Q T E V R K T P B R O K E R A G E H T T L
V K U T A O T E A N E G O T I A T E N Q T A C
V A A Q G W G Y T I L I B A T I F O R P O L A
B R E K A M E C I R P E X P A N S I O N Z I C
U Q W N C G T Y F P U Y K X I E P Q S E W B L
O K H O O Y R O T A R E L E C C A V A B N E W
I S T M J S V H A K S R R Y H O L D L I X I P
S X O S R Y A D P K P S N C Y H F P E C W X L
A C O O Q I U E X Z L Y E A Z D G A S F I G E
K Q U U Q T L P N S I I S K T S L O G H I B C P
X G N I W O L B E L T S I H W T I F E N E B U
R O T C E R I D I S C R I M I N A T I O N Y F
L G E N E R A T I V E V I T I T E P M O C J S
```

NEGOTIATE	BREAKEVEN	LINE
SEASON	OBJECTIVES	BENEFIT
GENERATIVE	SPLIT	RATE
ACCELERATOR	WHISTLEBLOWING	DISCRIMINATION
BROKERAGE	RESPONSIBILITY	PROFITABILITY
WTO	COMPETITIVE	EXPANSION
DIRECTOR	SALES	BILATERAL
PRICEMAKER	MOCK	EQUILIBRIUM

Puzzle # 59

```
J V X B W I X G D K U C A V L E P F M O K N W
Z R D G P R O D U C T M A R K E T Q G W W O V
S M U I M E R P L I C F W D M V I W A J O I I
D A W O Y B G R E G U L A T I O N R U M P T S
J Z L Z V I R G M W F Y Q R S R E J H Z M A O
A E R E Z J A U G I D C A B D H T C D F F L L
W M A K E R D A U N H A L L O R I G O Q P U E
P D K G R W E R Z O V W T U C X E W C M F G C
R E W U G T T A C I S K S A V X C V W O D E T
Q P A C J U W N C T L E E C Y G A H O I T R D
H A B J O T M T M A G N I T E G R A T H X E I
V R M R V V V E D L Z W Z I Z E G B C L F D R
P T L Q E U E E N E B L S T R U C T U R E C B
B M P B N U Q N H R B I E M P L O Y M E N T Y
D E N H F G P E A F Y I X B D B R F P D E B H
W N C C H L F T T N K V T M N I W P A Y O U T
Y T Y O D A I V R A T I O A N A L Y S I S L Z
W D O N A T I O N P Z I A E V R E S B O K J L
```

SALE	RELATION	MAKER
PREMIUM	PAYOUT	PRODUCT-MARKET
DEREGULATION	GRADE	DEPARTMENT
HYBRID	TARGETING	WAREHOUSE
DONATION	SOLE	RATIOANALYSIS
DEBIT	STRUCTURE	OBSERVE
GUARANTEE	OVERDRAFT	EMPLOYMENT
REGULATION	COVENANT	DATA

Puzzle # 60

```
J Q P L G A G W Z M W Q A D S A N T K M K T G
T D T Q B L C V F C K E D G P L O W B A C K R
N L W U T J A J R C W T S L S Y I H L E A N A
E W Y N O I T A Z I T A V I R P Z R O J F A F
M R C X R T Z A H U K I A C T O L C T M S T A
N K E N B E U L U H E L B Y G S O X M S F U W
R J U S T I C E T S G I J U B H L P E E U W X
E D M R E Y O R Y R E F I L W M V T F V D I N
V W B E F A U I X U M F S M U I M E R P Q P L
O T I N V S R P N I D A E V I S S E R G O R P
G V U T T T A C Y V B L S T R A T S K W U N O
F E C S T A K E H O L D E R N O I T A R E P O
B I S Q O G S L X I F K Z P G Y N C A E J O N
X G E X M Y R C T F A R D R E V O B S F P G U
H U R O P C I C P S H E E T P R L T U P V A M
H T L A E W F I N V E S T O R S A U O O K M M
R T T T V H B A N K Z U T V Z T E W N K H G L
I Q M M S I W C O A V S F W E H F X V I O H I
```

BUY	OVERDRAFT	BANK
WEALTH	PLOWBACK	PROGRESSIVE
AFFILIATE	STAKEHOLDER	ASSET
ESTATE	TRUST	LEAN
NASDAQ	OPERATION	GOVERNMENT
JUSTICE	PRIVATIZATION	PREMIUMS
RENT	STARTS	RESEARCH
CRAZE	SHEET	INVESTORS

Puzzle # 61

```
N E S X S S A Y Z C B O O M S J C Q G E Z P P
B N C P W E K M T F C Y J B H A R M O T D I M
O F I N E C B E Q I F O D D R D E H M R G S G
O S M E A I F G Y I L S T J B E S L X A R P U
T E O U T D M X S W O A L Z A Q P L R C E E S
S I N C E N V R Z A K M E T I Y O Q E K E C C
T C O W Q I E C T N V C J R S Z N K G I N U A
R N C C U V E K V P R C G M T G S D U N S L I
A E E L I Q T M E O D S S O N Y I P L G L A C
P T C D T Z D R F S Q U C N E A B P A P B T F
P E K R Y Q Y K K I D Y E I M G I P T Q Q I E
E P M C U Q R P J T C R A T E E L V I O Z O E
R M G E L O L D C I C S K O E K I I O V F N T
P O T U W J S V L O I Z F R R N T E N M R N X
B C S W O H S E K N W Q F I G T Y E S Z M S C
M N X U B U U J R I Q N X N A G N I V A S F I
R E C E S S I O N N M S N G W H Z X G Q L P P
V I A M E M P Q H G B G J C H A R G E Y C L E
```

WORKFORCE	RECESSION	DIVERSIFY
AGREEMENTS	RESPONSIBILITY	SAVING
TRACKING	FREE	RESOURCE
CPI	INDICES	SHOWS
CHARGE	BOOTSTRAPPER	COMPETENCIES
SPECULATION	ECONOMICS	SWEATEQUITY
POSITIONING	GREEN	REGULATIONS
MONITORING	BOOMS	REALITY

Puzzle # 62

```
I A E S K Q Z I R Z N O I T N E V R E T N I Q
Y M P C V U L V P Q B O O T S T R A P P E R E
D G O Z Y O I N F L O W S J V Z O E A D I T B
J T J P W T A T I Z E Q J M H E M U E D P E T
S W V Z M A I M P R O V E M E N T R E E R J H
U M W Z U S N Z H E K F L V R H E T Z Z O O W
V T I D T C E R I D C J P E Y G G F H I P C R
N I T S Z C H A N N E L M B U H S A T L E M Y
C F X F C G O F W I F U R L R A Q R L A R B H
X E Z A Y E F F Z Z S I A V F J U D A N T T B
S N F M A N L S V N D T F E H H G R E O Y O K
I E A N Y K T L O N I Y T E Q S M E W S U U B
N B Z G O R K C A O M Y N N R U W V F R E Y G
B T R E L L E S N N P R T K U W I O Z E M X Z
B S F C N N E T Z F E E C R A C S T S P Q I G
B O T W B X N V U I Q O U T F L O W I T G U H
X C P A T K I A F R N N U I O I G K Z E D W Z
M H Y V O X L X I W N B Q S V E T G Y F S Y N
```

SELLER	CHANNEL	EQUITIES
WEALTH	HYBRID	IMPROVEMENT
DEREGULATION	COST-BENEFIT	RETURN
PROPERTY	INTERVENTION	SCARCE
MISCELLANEOUS	STOCK	OVERDRAFT
QUOTAS	OUTFLOW	SAFETY
CONSUMER	DIRECT	LINE
INFLOW	BOOTSTRAPPER	PERSONALIZED

Puzzle # 63

```
D C Y B E R S E C U R I T Y T J D T D E X I M
B Z A V Y D D X W A P L M B X C R M A H Q X B
X Q D F J P K D V D X N K P U A N C J M B P S
Q P R O T E C T I O N I S M N B O N D I R Q U
I N C U B A T O R I A I S S L D M S F D A S C
J S S T N O P T I O N M P T A E L T O C Y H Q
H H Z Y Y P H I G Y N A L B R O R B L A R A R
Y C N E G R E M E E R H K N T E K U S P J R Q
S T R A T S N D Z E L G B V N R T H B T F E O
D Y R V L E H R N Y K I N D E T O J Q G U W E
O H B E I V R C M P K V S A C P R M D B J S R
T E G D U B Y Z N O I T A M R O F S N A R T Q
C Y P A S S E S S M E N T S R Y N S E L Y E P
R E N E W A B L E Q G N B T F R A N C H I S E
I A T S E L B A I V E R H D J Q G N I T F I G
A Q I H N G O V E R N A N C E D X N L J M L R
X E U L Y W W C V W Z P K R F Y L R M J A X W
J X Y V G B F M O N E T A R I S T X P I Q C O
```

SHOP	GOVERNANCE	EMERGENCY
ASSESSMENT	BOND	TRANSFORMATION
PROTECTIONISM	VIABLE	FRANCHISE
RENT	MONETARIST	MID-CAP
STARTS	SHARE	RENEWABLE
TRANSPARENCY	GIFTING	MIXED
BUDGET	TRENDS	CENTRAL
INCUBATOR	OPTION	CYBERSECURITY

Puzzle # 64

```
B L A I R T S U D N I B K S N O I T U L O S L
Z C M S P R O P R I E T O R S H I P C V H D T
U N J E R U L I A F D M N G X H Y U Y L Y H B
G X U W F I L O Y A L T Y K H H P F K W O G E
W N L T B U H B X Z X J J E N A O B B T G L Z
A V I A K V N A I Y R O E H T Y R E Y B S M N
I Y D T B G T D P O H S L X H B H C A O N S R
P K N Z E O J S A O P I I I J I T R F O N Y Z
O W E N K G R T B M L C J O N I N O N T K A K
L X R P M O R A L T E A I A G E A F N S T P B
I L T S G S Q A Q K G N Z J Z K L K K T W H Z
C Y L O P O U D T B T P T I B M I R Z R S D S
Y S B I L A T E R A L O H A E G H O L A G H M
Z B U T M T Y P U B L I C G L K P W Q P L N F
X T A E X K N P M A D Z X B C C S Y T P D Y W
F F I A D M I N I S T R A T I O N D P E D F O
B S F N R O D B N V T X N B Q T P R V R E S S
R K H A N O I T U T I T S N I N V W U V K J X
```

SHOP	JOINT	TARGETING
INSTITUTION	FUNDAMENTAL	THEORY
TREND	BILATERAL	WORKFORCE
INDUSTRIAL	MORAL	LABOR
LINE	ADMINISTRATION	PUBLIC
PHILANTHROPY	POLICY	BOOTSTRAPPER
PROPRIETORSHIP	FAILURE	LOYALTY
DUOPOLY	TAX	SOLUTIONS

Puzzle # 65

```
Z K U K J N Y R K X J A J E O P O Y H O B D W
I B V G R B I F T A J O P C G Y E H I W F I Y
B I T A G Q J G H F X C H G B Q J Z D N S V L
N E V I T A T I T N A U Q M N Q L Q X E A E O
O M U B Y T I S S E C E N E R I S E D R I R P
I Q J E T A R E M O L G N O C Q T Z V V Z S O
S C O P P O R T U N I T Y H U Z B E S C Y I N
R O N C O M M E R C E S U P P O R T K C H F O
E N E R A H S G T N L S X Z N B P V P R P Y M
V S S Y V Z T N I O P T T V H O X Q W P A G C
N U L T G R C E C E R N U O N C I V T L G M Y
O M G I R P L R I I B U E G F G L S V A G T F
C P K L E E H R F W E O U H U V U X N N N X B
B T C I Q A A G E N P C R M Y O F Y F A A K Q
J I X B M J K S D F B C L M I X E D R Y P O M
Z O V A P X K D U C O A F D Q K O R S P S X R
I N C I Q G P G J R J E K Z L R A R W E B R E
B Q W L W B D C V Z Y W T F U W F W R S W I I
```

COMMERCE	NECESSITY	EXPANSION
LIABILITY	OWNER	POINT
DESIRE	TREASURY	PLAN
DEFICIT	MARKETING	MONOPOLY
SUPPORT	JOB	MIXED
ACCOUNTS	CONSUMPTION	DIVERSIFY
WARRANTY	CONGLOMERATE	QUANTITATIVE
SHARE	OPPORTUNITY	CONVERSION

Puzzle # 66

```
H X T N E M T T O L L A S L L M L S K O N G L
I X R I N T E G R I T Y Z W U H Y O K O P K P
Y P P R O M O T I O N U N O I T U T I T S N I
O A D V A N T A G E A Y A W T J D T X K L O S
L E I S U R E J L L Q I X S X N A W U Y P J U
P R O D U C T I V I T Y H L W R T C U D N O C
H I W M S W R D K Q G I A P O P N N B M I A S
G B E Z T E T H B S P P G B E Z Y L A N A M S
F E Z L A M Y M W M I L A P N L L U B Y R M A
G H A U N J S H E C K L A Z V I P W D P X E D
O A O L D E K N N L L S E C O N D A R Y E L Q
V V D Q A A T I R O M Y K A E G X Y J K P I U
I I H W R W R K C P J I P G N I D N E P S D S
B O Z N D P N Q V C O M M O D I T Y V D O P Q
J R H J S S E N I S U B J F V W S Y T D Z R W
C O G N I W O L B E L T S I H W H G G T H K Y
K Z W N P C C F W Z D Y A N N E T M Q R Z X Z
W R N G O G N I D N E L S R E N T R A P X I V
```

COMMODITY	BULL	INTEGRITY
PRODUCTIVITY	ADVANTAGE	STANDARDS
SPENDING	PLACE	INSTITUTION
SECONDARY	WHISTLEBLOWING	LENDING
PROMOTION	PRINCIPAL	LEISURE
DILEMMA	ALLOTTMENT	PARTNERS
BUSINESS	ANALYZE	CONDUCT
SHIPMENT	COLLABORATION	BEHAVIOR

Puzzle # 67

```
J Y W H I S T L E B L O W I N G I Y K J H G P
V N H Z N X C A L U C M H Q T N O I T C N U F
E Z M E Z Z W C S E V O I O E I U Z G R P C V
C M F A L V L Q H A S I T K G K T N N V V N S
R E J M L O J L A T E U G F T C V O I T X L K
U S G A C R S Q R L N Y O W Z O R I L D S P V
O N S Q B O U H E A D E R M B T B T L G P F P
S W E P V T Y V H R A O M V L S C A E G V M Q
E L R I M C F L O E S A E P R E C V S E U H B
R U Z A J E I P L T D E A L I R I O S L Z U B
V H T T U R Y E D A X F Z O M H N N S E F D U
I S P B E I N R E L B W A X S U S N O Q N U Z
C U W K S D X F R I M O R R Q A S I R U L O Q
E T D Y R O R E U B V Z L G L H E V C I D P T
S E O Y F V E C A U H Q Z G V O E S W T P O N
T S C F X I M T C U D O R P E D T D U Y P L Y
M U I R B I L I U Q E R E P A Y M E N T K Y T
R O X L M U G U S H A R E S P R E D I V O R P
```

SERVICES	DUOPOLY	CROSS-SELLING
DIRECTOR	PERFECT	PRODUCTMIX
EQUITY	SHARES	SOLE
SLUMP	EQUILIBRIUM	RESOURCE
PROVIDER	SELL	RESTOCKING
WHISTLEBLOWING	INNOVATION	REPAYMENT
DEAL	SHIPMENT	BILATERAL
FUNCTION	SHAREHOLDER	GLOBAL

Puzzle # 68

```
C D K B T Y R Y H V N P S Q B K R Y K V M R K
G K E L N W W X I N T E R V E N T I O N H H R
R S M O E G B C J T E P Y E A R L Y S T A G E
O V O C M F L U H W Y Y C A N A L Y T I C S I
C S C K L C Q D G A N R D I V E R S I T Y B Y
E T N C I D F R H O I B E K I N C U B A T O R
R Q I H F P D H N I X N W B V S C F J S U L I
I N D A L U R E L E E C S Q I S N O I S N E P
E R Q I U Z G N I T E K R A M R X R G D B D G
S V E N F F I N A N C E U V K E B T H N K W O
A I T G I U K G S M E Y D K R H X X B V B I O
O P O S A S Q X W X U H N P S O L V E N C Y H
F O X W W N I R C X Q K S W W K L O U G L U E
U B S D E S A B O R E Z Q V G N I T E G D U B
P G D V W C Z M R S A T I S F A C T I O N J E
Z E A G I L I T Y E C N A M R O F R E P A X L
T N E I C I F F E Y T I L I B A I L S Y I Z T
B M D E C E N T R A L I Z E D M F M H D N B U
```

MANAGER	GROCERIES	BRIBERY
CHAINS	PERFORMANCE	ANALYTICS
INCUBATOR	DIVERSITY	INCOME
AGILITY	BLOCKCHAIN	SOLVENCY
SATISFACTION	LIABILITY	EFFICIENT
EARLY-STAGE	BUDGETING	MARKETING
FINANCE	ZERO-BASED	PENSIONS
FULFILMENT	INTERVENTION	DECENTRALIZED

Puzzle # 69

```
V D G N C V T U S F F I R A T N Q W E A G O P
F O I E M V T S W T C U X I P Y M Q O J W Y N
V Q Y S E U I H X X M P U T R A T S F R X C P
F P Y I B L G K T Z A V S T A B I L I T Y L D
Y S K R N U L X S R P A Y M E N T S R S R N I
R Y J P O Y W Q O G L R A E Y M I H B P H L V
N L U R V Q L A T N E M A D N U F C S W Q N E
J A T E A I M Y F M A C R O E C O N O M I C R
K U W T N B H R D C H A I N S B L W J L P F S
Z N L N J C M V I P G H E X W T B F L Z O B I
N C T E L N Q G H F N G C M T R Z I I R E J F
A H C Y M E N Y S N I A L G K A W N M E S R I
S S O C I A L C O B K G M Z M C P A I B H Z C
D I T H E O R I E S N I S F H K T N T I X I A
A N N L X B S L Z J A L X Y G I Q C N B R M T
Q N Q F P I M O H M B I J A O N D I C C P U I
Y F Z D V J B P T J Q T H N U G Z A N Q O R O
B K U Y R G R A R N S Y L B D N H L V Y K P N
```

FIRM	TROUGH	MACROECONOMIC
FINANCIAL	LAUNCH	THEORIES
CHAINS	AGILITY	VISION
FUNDAMENTAL	PAYMENTS	BANKING
NASDAQ	STARTUP	FORMATION
ATM	POLICY	TRACKING
ENTERPRISE	DIVERSIFICATION	STABILITY
TARIFFS	SOCIAL	YEAR

Puzzle # 70

```
Y S H N E D Z I V G W F L C W S S Y S H E Y N
H O L K R Y A F D A Y A E D I N T E R E S T A
Q Y U A X Q Y T N E M E G A N A M I I K L V H
D P C O I K O P N U M B N R E V C N F Y S C R
I G S E L L X P O P U L A R I T Y S F N Z V C
V T E U Y T R F P D W T D U J S U T O P K L F
E Q Y S T N I N E Q U A L I T Y Z I U Y V K A
R G S E I E E L E N N A H C X C T T Q S F R J
S U W A V M Y C N E G R E M E P P U W T Y U K
I R H S I N G N I D N E P S I W G T I I T C V
T L Z O T O I W I D E A S R I D Z I F D E Z G
Y F J N C R K R C E O V C B E S Q O M E C D F
Q O Q U U I A E J H N S O T Y Q Y N G R H J M
E D H V D V C S E D B V P J N O D L P C N Q C
P G T E O N X E E U X I O W Y P O Y A L I S L
S L U I R E J B S Y X U J L B B U Y G N C G M
A U Q K P H T A T T E P U S A Z D D F K A X Y
C T V F S F L J T W K Y B L I K X U H A L K L
```

SELL	SEASON	CARD
CREDIT	SPENDING	IDEAS
PRODUCTIVITY	EPS	DEBT
ANALYSIS	ANGEL	INEQUALITY
SUBSCRIPTIONS	CEO	CHANNEL
ENVIRONMENT	INSTITUTION	EMERGENCY
MANAGEMENT	POPULARITY	DIVERSITY
INTEREST	TECHNICAL	GLOBAL

Puzzle # 71

```
R B D U D E V G H V K B I E S F O Y F W Q Z X
U Q S K P F I A S Y J M N K S R L O A Q D L A
Z W G N P T R U E E R S G O V E R N A N C E F
J V R O U R E D E J L D L U F A Z X A P V T Z
O D E J E G C I M O W L A R E T A L I T L U M
U U F Z G R E T X N D O I O Y S S O H I D G K
S D S M D O S K A E P Y H N K 1 0 4 Y L K R D
N I N B A T S Q I H D P H O G J L N O H M V I
O N A M S P I Q C N R A L G V W A R R A N T Y
I D R F R U O Y V O I J B S W N T A V G J B N
T U T Y O R N Q F K P A I G S N Y R N S D Q Q
A S V M T S Q I V K G D H W O G V S O M L Y B
L T P S C I T W L S E B C C T U O A I S E K E
E R N W A D N F R N S K T X K K W F S L T Z N
R Y U S F G D L T N Q S T P E C C A N A R C G
A C B O W A Y I Q C O Z B O J K O I E M A U F
Q S F H Z F F G B C P Z C I I W G L P X C N M
T G F O Q Y E C O N D U C T N L W M B F D L Y
```

INDUSTRY	SELLING	RELATIONS
PROFIT	ACCEPT	COST-CONTROL
CARTEL	MULTILATERAL	AUDIT
IDENTIFY	FACTORS	PEAK
401K	CFO	DISRUPTOR
GOVERNANCE	GNP	PENSION
WARRANTY	OIL	CONDUCT
RECESSION	TRANSFER	BLOCKCHAIN

Puzzle # 72

```
D D E V E L O P M E N T K D M A R K E T I N G
J T I G X Y T C B T A Y X X I Q U V C O C W Q
B G E S T O R E B S H E E T C R V V U C O V D
L O S T A R G E T I N G O N S A B Z P T N Q F
M Q F Q Z W K H J K S H U I N A E Y E U G C X
S N O I T A R E P O E I Z Y W M T J H E L B H
E C R E M M O C E V E C Y C Z W D O U O O V M
W Y J V L T D T K B F J V F M V U D U I M G O
T S G S U S T A I N A B L E U U O R D Q E M G
L T F U L S P E J H G Y R Y D E P A M C R J P
T I A F X Z X R M A G Q E Q G E O Z U C A G B
E B G J I E I U X T V Z D Z I R L A T L T X G
W E K C B T Q S J A I Q N B T F Y H F M E J Z
Z D D S O L E I U D S M U U D U A R F H B F U
S U H U L Q U E S E I N O I T C U R T S N O C
N Z G J G O E L D S O P F A K A W U J Y V E V
Y E W A C S H T W Y N A G B B Y K T P W G H R
O L F K R Y M L M U P W G J D F H O H L H U P
```

STORE	FIT	QUOTAS
CONGLOMERATE	DEVELOPMENT	ECOMMERCE
FOUNDER	DEBIT	DUOPOLY
LEISURE	MARKETING	SHEET
OPERATIONS	VISION	FRAUD
TARGETING	HYBRID	FEES
SOLE	HAZARD	FREE
CONSTRUCTION	SUSTAINABLE	DATA

Puzzle # 73

```
Y T I Y X F K P N O I T A R T S I N I M D A I
R D R O T A B U C N I Y T Y O H I P K V R A J
A I G L L I F Q E F V P H C N I I N R Y W J U
M V W L B R T S A C V D W R I H Y E F U S J P
I I O Y E N N P E N N Y W I J D P C D L D I C
R D B A Q E Z S X U N J Q H I P E E B S O P H
P E J Z P S X W V O E T E D A R G R T U S W A
R N N X L S M I Y P R Z T R D F O N P L R P S
B D E A D V A N T A G E T Z T K E E L Z Z H P
A S H B A D Y F H N O S X R E M G I W B Z B K
T A I B B R T R R E T V A R Y D B D A I I V V
K S T E U M I L Q O G C A A K M F L S I D L W
W J U M S N S Q O Q T G P D Y H A W O L F N I
P X W R L X R B W I E V X M R N D T M J N K E
Y O V Y T J E N O T Z G T P C U E F G F M X N
U U N P K V V N B A R R I E R S V S A V I N G
M H D K A E I D M S P C I F K D M Q D F C H M
X N A M A Q D J K Y L D S G N I V A S N B L W
```

ADMINISTRATION	INCUBATOR	PAYMENTS
INFLOW	GRADE	TRUST
DIVIDENDS	ATM	SAVINGS
PRIMARY	DIVERSITY	SAVING
PENNY	BALANCE	BILLS
FAIRNESS	BARRIERS	BROKERAGE
EXPENSE	BOOTSTRAPPER	INFLOWS
PREDICT	ADVANTAGE	TRACTION

Puzzle # 74

```
W T L R S N R C E R D R I X M E T O Z K S N P
N O I T A I C E R P P A L A U T R I V N O J E
C O L L A B O R A T I O N O D M C H O I Q H V
R F R I R G O V E R N M E N T Q T I T K U E R
L P Z F K V U C G X Z S P B N M S A G P K A E
Z B B G M E H A N E P U F R B N L L I Y Z L S
V Z R D C K H S I Y A L E F E U N H T G N T E
A U D S L V S H W G Q U J P G V C G F M G H R
Z U E E Z X V C O Z L M J E J E E K V C B C B
W A Y A N L A Q R P K I R X U A X N D H O A J
H X W S E Y A Y R G A T S L G Q Y P T S E R O
Q L T O P P S R O E U S B T J H T L E I Q E K
J G Z N O T O N B Q B L N X I B C C V N O V U
I N E R I A F Z E S S I A L W N T C Y Z S N D
E R A H S K L P J O Y Q D M K O G N W T H E X
N O I T P M U S N O C K R Y R S H O P P I N G
O Z G R Q P E R U S I E L N O I S N E P J Y O
Z G P O M K D O I Y D B D V K L R O Y B N K D
```

SHOPPING	RESERVE	OPEN
SHARE	HEALTHCARE	PENSIONS
BORROWING	BLUE-CHIP	CASH
PENSION	STIMULUS	SEASON
COLLABORATION	EXPENSE	PREVENTION
LAISSEZ-FAIRE	CONSUMPTION	LISTING
SECTOR	GOVERNMENT	APPRECIATION
REGULATION	LEISURE	VIRTUAL

Puzzle # 75

```
E D J R E Q U I R E M E N T M U M I N I M Z T
W E C N E R E F E R P S U A A F P Y K R W N W
V G B M Q S O N L N W L E W I G R E R Z E A L
X A B O D K K O C K G V O N X A L I D D M S E
N T O V M M L S U V R R A H D A S C N X V Z M
U N Z P S J C A E V E N T N S K H O S L L Y B
J A X A O K K E T Z C I O T T O P M S D O Y L
C V G S M N T S D E E C I A L S P P G J T X O
O D A T J B E V C K E C K D E N K E B W U D G
M A W L E V R V T S I E R R L Q G T C J G S H
M K U M L C O H E T R Q S T U P N I A W Q J Y
I N C P T O A O Y K R E D U C E J T K R X I M
S G Z O U P T P B L A X N H R O K O C T I X Z
S I N M M K P T F U X E D E Y L B R W S M F X
I F B U S E N Y M F E Y R D C G Y F Q G Q K F
O B K W A B B F W E M L D B S E I M O N O C E
N A W K Q P F R E B N A P P R E C I A T I O N
S Z F L K H H M N O I T U B I R T S I D E R B
```

COMPETITOR	RESPONDENT	COMMISSIONS
REQUIREMENT	MINIMUM	ECONOMIES
SEASON	ADVANTAGE	INPUTS
RISK-TAKER	EVENT	PEAK
SECONDARY	ALLOTTMENT	HOLD
TARIFF	ELASTICITY	MOCK
FINANCE	BREAKEVEN	APPRECIATION
PREFERENCE	REDUCE	REDISTRIBUTION

Puzzle # 76

```
S Q E Y H F K L C L E A R I N G H O U S E Q B
B D A P Y V A N C E C B N N A H B P G L Y R C
O P Z M M F H M W R O T A G E R G G A Y U L E
Y C D M O Q A B K E N T E R P R I S E T K L W
F H C U N K O L A B O L G E L A P I C I N U M
P A X M O X R Y Z M M Z Z M O A C P C L S A F
J I Q I C J P L X Q I A O W B N U X A I L E L
H N Q N E K P P A E C W M R Y E D L P B A I U
S S V I Z T R U E W S P S G W D C Y A A Z E B
A K P M U I N A I S E N Y E K Z I L B T F B N
D R Q T M N O N N G V Y X S J G R X I N E E S
A U O A S T C D B K N V K K T Y F Q L U D N Z
Z T R H Q O R D F D I A J C C B D S I O E B T
P Y N O M M O C S E R V I C E S Z W T C R Q P
J N C A L L B O Z M T S S 4 P Y L K I C A U K
F D E C I S I O N W O N Y 0 S V A A E A L K T
G C H A N N E L J R X M B 1 E N C I S L J U N
O G S R E V H Q K D S H Q K R E V O L V I N G
```

SERVICES	AGGREGATOR	REVOLVING
ECONOMICS	PRIMARY	KEYNESIAN
CHANNEL	FEDERAL	JOB
401K	LAW	PULL
CAPABILITIES	ENTERPRISE	MINIMUM
RESPECT	COMMON	CLEARINGHOUSE
ECONOMY	DECISION	ACCOUNTABILITY
CHAINS	MUNICIPAL	GLOBAL

Puzzle # 77

```
N S K I R O M C P S F X C R E G U L A T I O N
A R F Q A P B Q W R Q W R W U Z T J A P N O J
G Z I G C U R U I L Y O E N U B V P L T I N Q
R U I O E C S H E E T E L V C O L X O T T S O
C L R N R W A J C W Y E L H H I L H A Z A R D
E S C O J C T E D Y G R E B T X S C L D F P O
I U L M A R K E T S F F T O W L I T J L E V G
F E U S F F I R A T G J R E X F A S P R J J W
G J D A F J E K P T I A A E I U D E F V K I T
N X D O N E B T R J Q L N S S R V O H N T N K
I X O I M O J C A F T I R Y A E R Q V H E Z T
D Z B L B L D I B H U E X D C M A U D M K L R
A H P R U K R N Q Z V S N E A Z N R L G M H E
R W Y F P O G U S I H A E N L J A I C S N U A
T U Y B G T L G D U T R C L Z W F V G H U C S
X S N A O L V Z N S A E D P A L U X A V Y M U
F F D X M X K A M Z S W P L U E O D O K N X R
R A T I O A N A L Y S I S F A L L I A N C E Y
```

BID	DIVERSIFICATION	LOANS
WEALTH	HAZARD	RESEARCH
ALLIANCE	PERFORMANCE	TRADING
AGILE	FREE	FULFILMENT
TREASURY	ROLE	SHEET
TELLER	TARIFFS	MARKETS
CEO	RATIOANALYSIS	WITHDRAWALS
REGULATION	HEALTH	STANDARDS

Puzzle # 78

```
F G Q K F M R E N D E F S X M T O L H C J J K
B L W G R K S O Z A R C I Q H L E A R N I N G
B H Z P T R I D Z G A C O M M I S S I O N S F
W I T U J S V P N R D W L A E N D V T E U D O
C R E M S V P P C O B L U E C H I P N L L F M
P V O E F K K I C E B R E M O T E E E B C R T
C M C E A H T O J X U W P D N E E V M A Q E F
D E X C C Y O F O R E X B K N E E Y N R J E A
R A H R I I A Q C J Y S R R G N H G R U S M R
Y A M U L X I S S E C O R P L A X H E D N I D
N D N O I T A Z I L A R E B I L U P V Y H U R
J F J S T Q M V Z B T E F L D Y W J O G U M E
S O E E Y S O Y R A D N O C E S S A G B P G V
K T C R O E F G S E C T K X I G R A N T S Y O
Q F C A L A C K S C Z X Y L E G I C B U O I D
U J B C W S X I M T C U D O R P N Y A J J O Y
B I D M M O D H H Y P I L H Y H X C B Y V O F
D G E Z D N Y R E K A M Y R O S I V D A U B P
```

CFO	OVERDRAFT	SCARCITY
RECESSION	SECONDARY	REMOTE
FREEMIUM	BLUE-CHIP	ADVISORY
BONDS	PROCESS	LIBERALIZATION
COMMISSIONS	RESOURCE	GOVERNMENT
PRODUCTMIX	SEASON	MAKER
TASK	DURABLE	GRANTS
FACILITY	FOREX	LEARNING

Puzzle # 79

```
N K N D Y E P A F F I L I A T E P R Y H B A E
E B P V T Y F A Y I L T P J E W S E T W I L M
Z I N W A I V B U A V E I J E S E M I L H L N
M O C K N N D A Z D F T H O Y E C H L F S O S
D T D H O C Q U D V H A S T O R O C I H H C N
E D R Z I N H E A A G I R O L A N N B B D A O
M E W H T L W D F N W T E V P T D U A E R T I
A T T I I U P T T T S O D S M E A A D K L I T
N Q O H S P L E I A Q G A O E Z R L R S O O A
D V Z K I Z C C W G L E E R K Z Y L O H S N R
L O Q E U C N U X E J N L T N L W N F D S S E
K O G Y Q W A G N N Q W C J R A U F F S N T P
I C H N C T Z L J C A U R N L T F F A O E J O
M W S E A N P O K X E T O M E R L U I K I F Z
T P E S P L L D T O P T I M I Z A T I O N E B
M G C I P A U L Q Y Z F X N F E P T R K H F Y
U V S A L E V X X O P U T G S O R Q A I M U X
R I U N E V I T A R E N E G K F U V C Z L S T
```

DEMAND	AFFILIATE	OPERATIONS
AUDIT	MOCK	OPTIMIZATION
AFFORDABILITY	LEADERSHIP	EMPLOYEE
LAUNCH	KEYNESIAN	ALLOCATION
ADVANTAGE	NEGOTIATE	ACQUISITION
LAW	RATE	SECONDARY
SALE	GENERATIVE	ETHICAL
LOSS	OPTIONS	REMOTE

Puzzle # 80

```
T M Y E C S L H S T C G V W E T T M F W E V H
X N Q Y G Y R I U Q N I W E J P A P B V O E B
Z M G T O A T O I X F U B U L N X F E L H Q G
V Q L I W F T V C X I S O V G R G R R C U F G
G M T L I S V S X V B A V C S F J H D D C T Y
L A O I T E N Q Y A D E H K C N O I T C U A T
R Q Q B A V C Y K L O D E C N A T S I S E R I
T V C I A I F A D U R I W E L F A R E Y Z T L
J A M S Q T T Q E A R A D E D N U F F L E S I
L N F N S A Y D E T C Z E W W R V V D K E L B
A N E O D V Y S I I Q T E M P L O Y M E N T A
R U G P C I U T X O N O I T A L U C E P S Z T
T V K S L R F W V N S X Y F E F Y L P P U S I
N H G E E E X G P I F F M B T U F X B F I Y F
E Z E R C D E S A H C R U P Y S Z I N A E L O
C K R F I Q C R O S S S E L L I N G R V G F R
S N B J O W A M M O S M U Q R H U P J A Z Y P
B C I O F T A K E O V E R E M U S N O C T N O
```

AUCTION	TAKEOVER	CROSS-SELLING
RESPONSIBILITY	DERIVATIVES	IDEAS
LEAN	EMPLOYMENT	PURCHASE
ACCEPT	WELFARE	INQUIRY
CENTRAL	SUPPLY	SELF-FUNDED
SPECULATION	VALUATION	RESISTANCE
CONSUMER	PROFITABILITY	TARIFF
ACCOUNT	RATIO	EARLY-STAGE

Puzzle # 1

VENDOR	SHAREHOLDER	OFFERING
GROWTH	PENSION	MACHINE
GOVERNMENT	TARGET	SOLE
EVALUATION	CULTURE	FRANCHISE
RESOURCES	FIRM	COVENANT
HARASSMENT	PULL	LEISURE
SELLER	DIVIDENDS	CONDUCT
WAREHOUSE	EDUCATION	ROBOTICS

Puzzle # 2

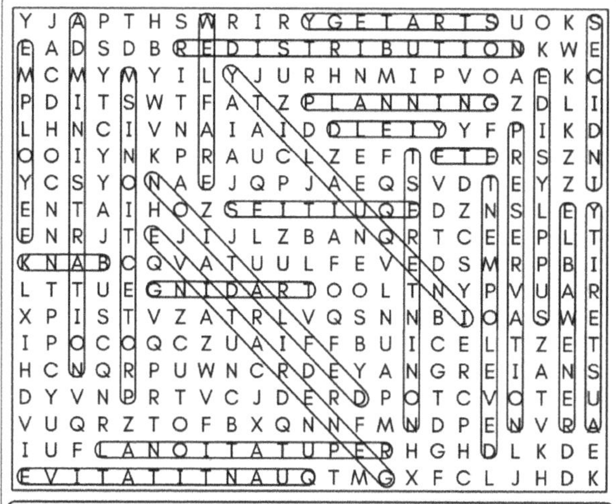

ADMINISTRATION	ETF	SUPPLY-SIDE
TRADING	EQUITIES	PRESERVATION
PLANNING	PROTECTIONISM	YIELD
DEVELOPMENT	REDISTRIBUTION	GENERATIVE
NON-INTEREST	STRATEGY	INDICES
WELFARE	INEQUALITY	QUANTITATIVE
EMPLOYEE	REPUTATIONAL	AUSTERITY
DEFLATION	BANK	RENEWABLE

Puzzle # 3

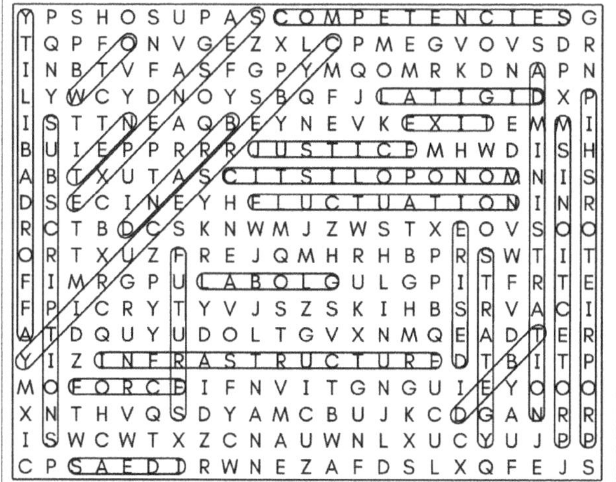

PROPRIETORSHIP	FLUCTUATION	JUSTICE
DEBT	SUBSCRIPTIONS	CYBERSECURITY
AFFORDABILITY	PROTECTIONISM	STRATEGY
EXPENSES	DIGITAL	DESIRE
WTO	BRAND	EXIT
IDEAS	FORCE	COMPETENCIES
ADMINISTRATION	MONOPOLISTIC	INFRASTRUCTURE
NET	FUTURES	GLOBAL

Puzzle # 4

WHOLESALE	LEAD	LINE
WEALTH	REPUTATIONAL	ACCOUNTABILITY
COMPETITIVE	BRANCH	JOB
PROFITABILITY	TRANSPARENCY	PERFECT
OFFERING	CEO	VOLATILITY
INFLOWS	TROUGH	HEALTHCARE
INDUSTRY	DEFICIT	BILATERAL
FORECAST	TRANSFER	PROCESS

Puzzle # 5

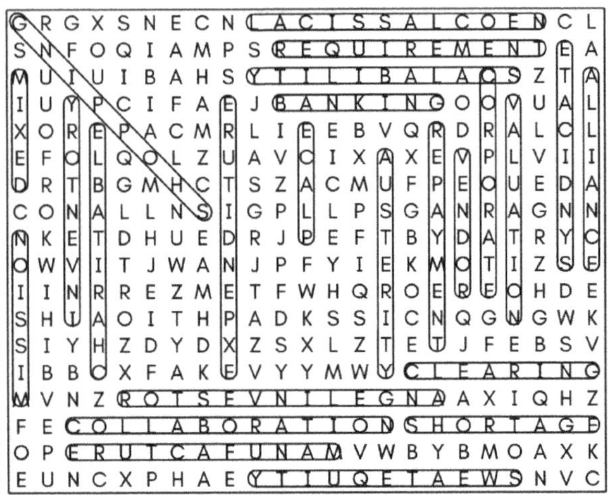

VENDOR	SYNDICATE	REPAYMENT
BANKING	ANGELINVESTOR	NEOCLASSICAL
VALUATION	CHARITABLE	MISSION
EXPENDITURE	PLACE	REQUIREMENT
CORPORATE	INVENTORY	MIXED
COLLABORATION	SHORTAGE	SWEATEQUITY
SHOPPING	ALLIANCE	CLEARING
MANUFACTURE	SCALABILITY	AUSTERITY

Puzzle # 6

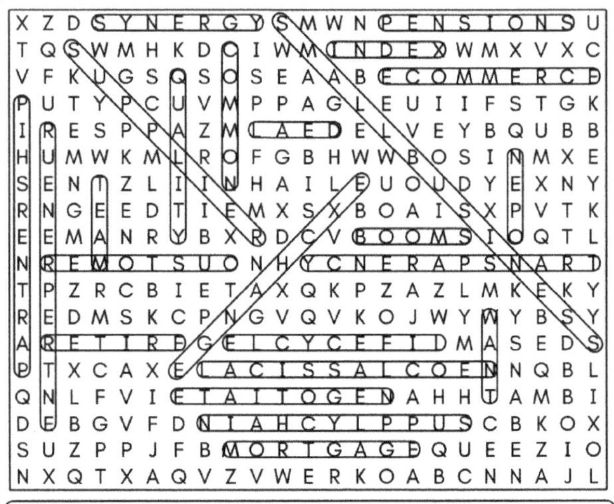

EXCHANGE	SUPPLIER	OPEN
NEGOTIATE	INDEX	NEOCLASSICAL
MORTGAGE	SYNERGY	CUSTOMER
COMMON	TRANSPARENCY	QUALITY
RETIRE	DEAL	WANT
LIFECYCLE	TEAM	SMALLBUSINESS
E-COMMERCE	SUPPLYCHAIN	BOOMS
PARTNERSHIP	ENTREPRENEUR	PENSIONS

Puzzle # 7

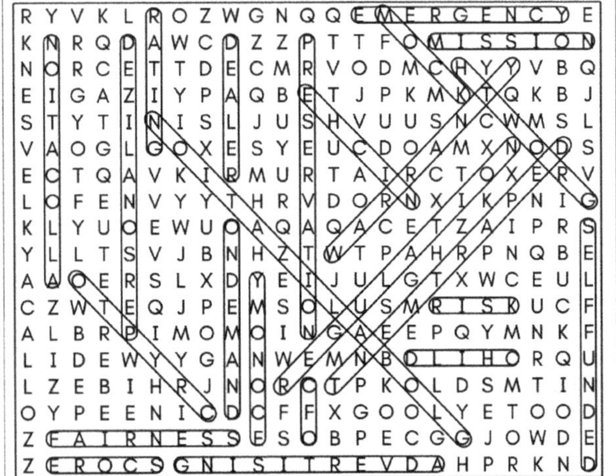

ECONOMY	ON-DEMAND	DEALER
MISSION	SELF-FUNDED	PRESERVATION
ALLOCATION	MOCK	CFO
CRYPTO	FAIRNESS	GROWTH
CHILD	DEPARTMENT	ADVERTISING
GLOBALIZATION	REGULATION	RATING
WARRANTY	NICHE	SCORE
RISK	EMERGENCY	PERSONALIZED

Puzzle # 8

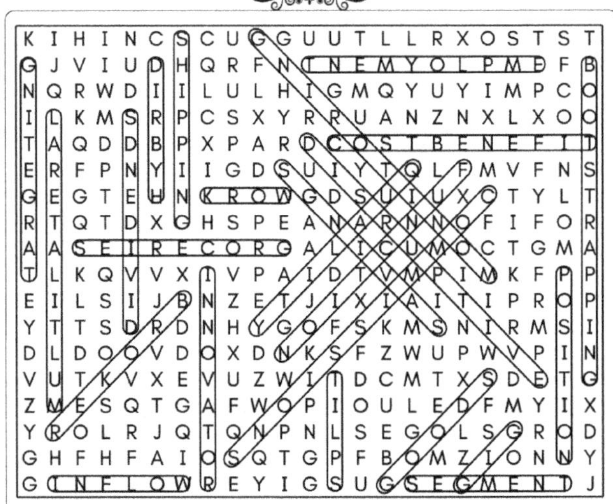

GOODS	HYBRID	MULTILATERAL
BROKER	GROCERIES	GIG
SHIPPING	EMPLOYMENT	QUALITY
MONITORING	DISRUPTIVE	SEGMENT
SPLIT	FUNCTION	INNOVATOR
BOOTSTRAPPING	INFLOW	COMMISSIONS
POSITION	DIVIDENDS	TARGETING
SAVINGS	COST-BENEFIT	WORK

Puzzle # 9

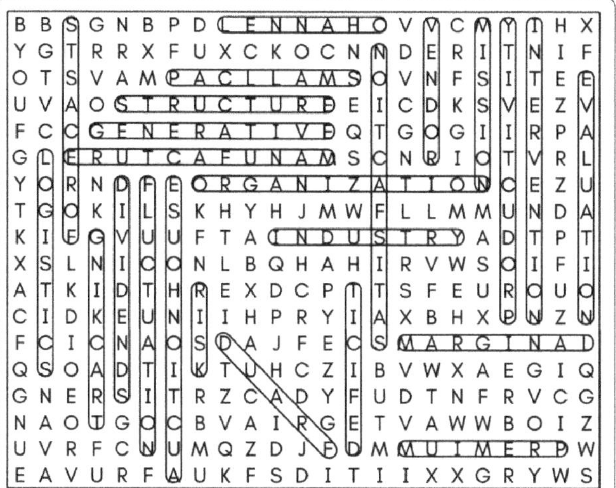

VENDOR	LOGISTICS	TRACKING
PREMIUM	GENERATIVE	MARGINAL
MANUFACTURE	FRAUD	MISSION
AUCTIONHOUSE	SATISFACTION	PRODUCTIVITY
EVALUATION	ORGANIZATION	CHANNEL
INTERVENTION	STRUCTURE	DIVIDENDS
INDUSTRY	FLUCTUATION	SMALL-CAP
RISK	DEFICIT	FORECASTS

Puzzle # 10

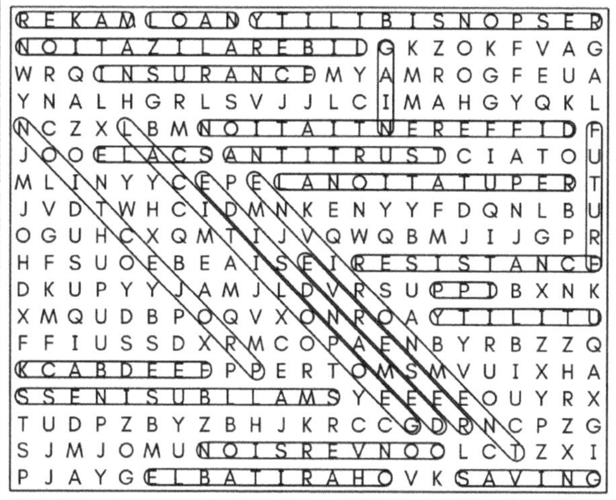

RESPONSIBILITY	ANTITRUST	PPI
GEOPOLITICAL	DIFFERENTIATION	UTILITY
LOAN	LIBERALIZATION	SMALLBUSINESS
CHARITABLE	RESISTANCE	SCALE
INSURANCE	SAVING	FEEDBACK
PROJECTION	ENVIRONMENT	CONVERSION
GAIN	RESERVE	REPUTATIONAL
MAKER	DEMAND-SIDE	FUTURE

Puzzle # 11

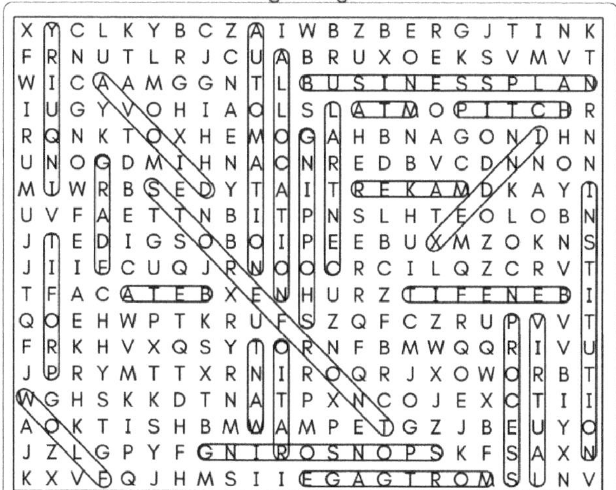

STOREFRONT	INDEX	ATM
INSTITUTION	GRADE	AUTOMATION
FLOW	CENTRAL	PROFIT
AVOID	PROCESS	INQUIRY
BETA	MORTGAGE	BUSINESSPLAN
BENEFIT	WANT	RATIO
SHOPPING	PITCH	SPONSORING
ALLOCATION	MAKER	VIRTUAL

Puzzle # 12

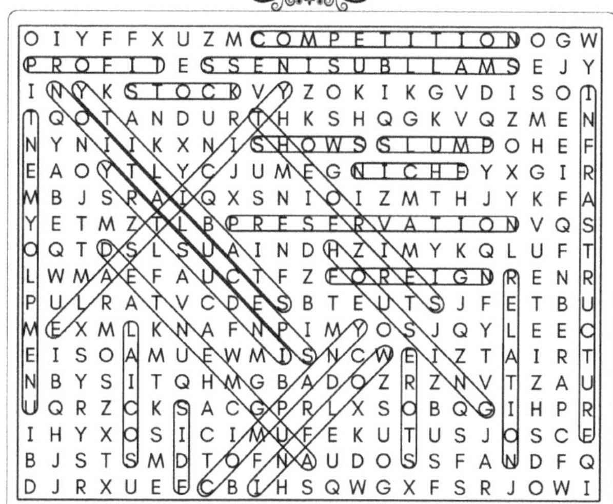

INDUSTRY	SLUMP	SHOWS
COMPANY	SMALLBUSINESS	PRESERVATION
ELASTICITY	FDIS	STOCK
HOUSING	INFRASTRUCTURE	INFLOW
FOREIGN	STORE	NICHE
SPECULATION	UNEMPLOYMENT	STABILITY
COMPETITION	RELATION	THEORIES
PROFIT	SOCIAL	AUGMENTED

Puzzle # 13

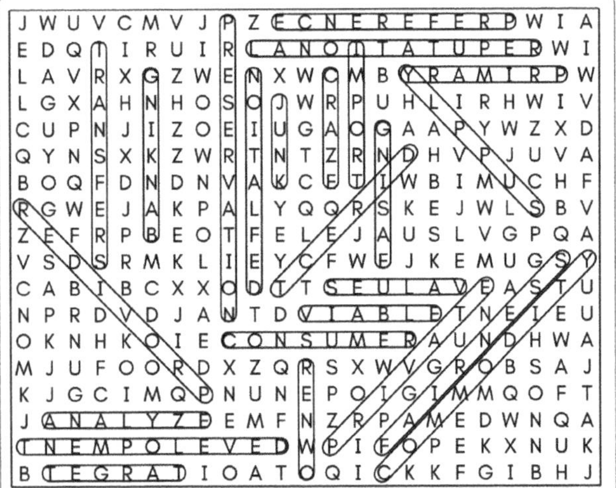

CONSUMER	DIRECT	DEVELOPMENT
BANKING	PROVIDER	TRANSFERS
PRIVATE	TARGET	DEFLATION
REPUTATIONAL	FAIRNESS	CRAZE
JUNK	COMMODITY	VIABLE
VALUES	PREFERENCE	PRIMARY
SUPPLY	OWNER	EASING
IMPORT	ANALYZE	PRESERVATION

Puzzle # 14

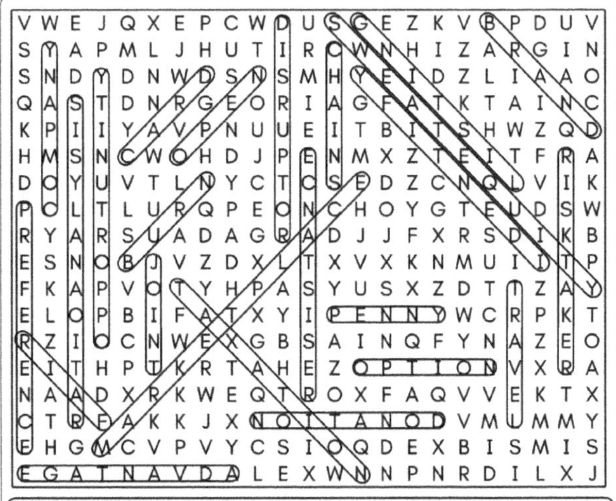

MARKETPLACE	RISK-TAKER	RESISTANCE
CHAINS	IDENTIFY	TAXATION
RATIOANALYSIS	ADVANTAGE	BRAND
OPPORTUNITY	CARD	JOINT
LISTING	COMPANY	SWEATEQUITY
OPEN	OPTION	TRAVEL
FAIR	DISRUPTOR	PENNY
PREFERENCE	DONATION	BURN

Puzzle # 15

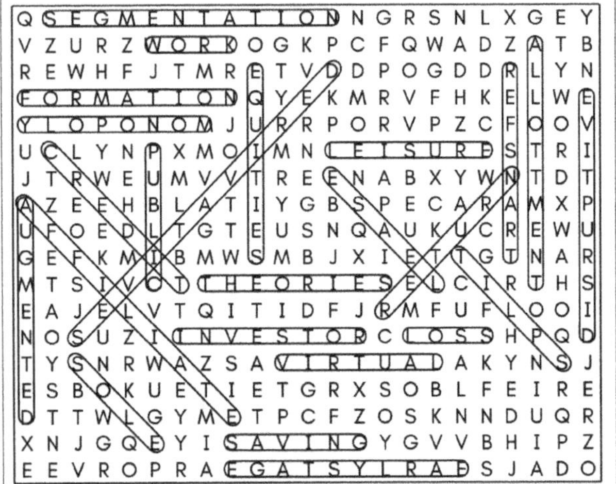

LEASE	TRANSFER	SOLE
LEISURE	CREDIT	DERIVATIVES
INVESTOR	SEGMENTATION	RETURN
EQUITIES	LOSS	SPLIT
MONOPOLY	THEORIES	ALLOTTMENT
DISRUPTIVE	PUBLIC	EARLY-STAGE
AFFILIATE	WORK	SAVING
VIRTUAL	FORMATION	AUGMENTED

Puzzle # 16

EXCHANGE	FORECASTING	PARTNERS
CASH	TECHNOLOGY	TRANSFERS
INTERNAL	QUOTAS	PRODUCTION
CLEARINGHOUSE	FACTORS	SLUMP
WITHDRAWALS	CORPORATION	MARKETS
ETHICAL	REQUEST	BLUE-CHIP
LEASE	ZERO-BASED	SATISFACTION
INEQUALITY	ROI	ACCUMULATION

Puzzle # 17

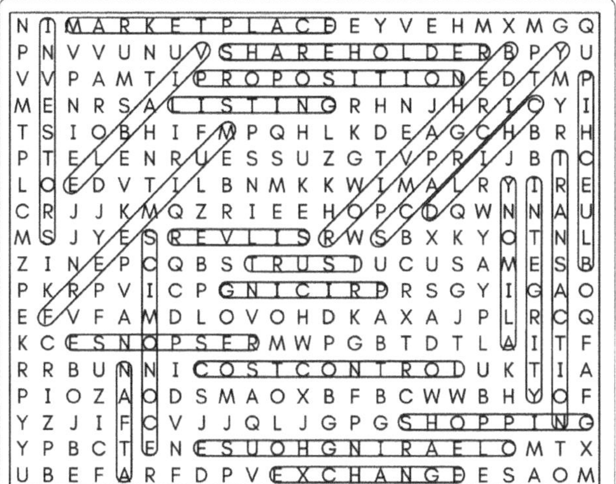

EXCHANGE	VIABLE	TRUST
ECONOMICS	LISTING	PRICING
SHAREHOLDER	INTEGRITY	SHOPPING
CHILD	INVESTORS	SILVER
NAFTA	MARKETPLACE	ALIMONY
SCARCITY	FREEMIUM	BLUE-CHIP
TRANSACTION	RESPONSE	BEHAVIOR
PROPOSITION	CLEARINGHOUSE	COST-CONTROL

Puzzle # 18

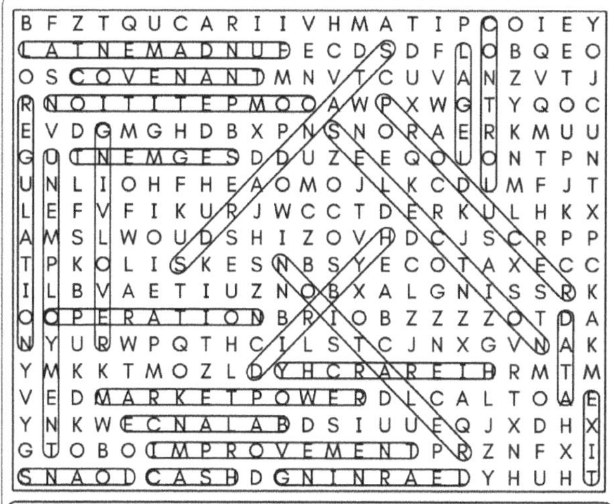

PRODUCER	EXIT	LOANS
CASH	FUNDAMENTAL	DATA
MARKETPOWER	LEGAL	OPERATION
SELECTION	IMPROVEMENT	UNEMPLOYMENT
CONTROL	HIERARCHY	RELATION
STANDARDS	REGULATION	COVENANT
COMPETITION	SEGMENT	REVOLVING
BALANCE	HYBRID	LEARNING

Puzzle # 19

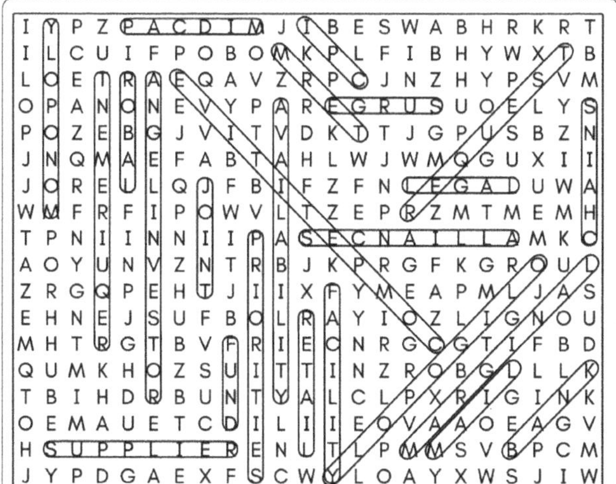

RETAIL	REQUIREMENT	ALLIANCES
SUPPLIER	CPI	MAIL
REQUEST	PRIORITIES	LABOR
COMPETITIVE	TERM	AVAILABILITY
LEGAL	OLIGOPOLY	JOINT
BANK	CHAINS	ANGELINVESTOR
MONOPOLY	SURGE	MID-CAP
FACILITY	FUND	MARGINAL

Puzzle # 20

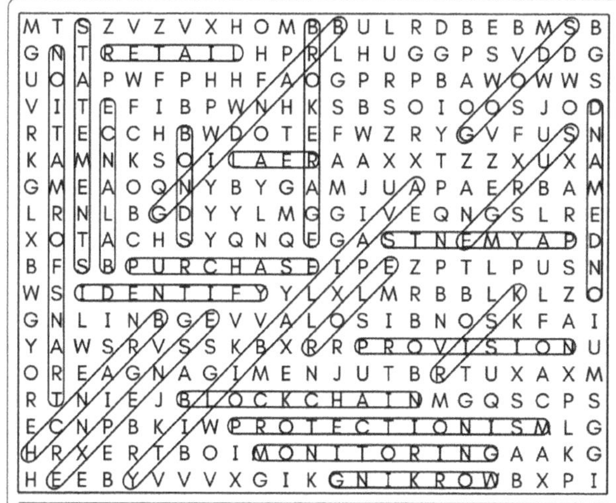

GOODS	SURGE	BROKERAGE
EXPENSE	WORKING	BLOCKCHAIN
AVAILABILITY	IDENTIFY	ROLE
BONDS	PROTECTIONISM	PROVISION
MONITORING	PURCHASE	REAL
PAYMENTS	RISK	BRANDING
RETAIL	ON-DEMAND	BRANCH
BALANCE	STATEMENTS	TRANSFORMATION

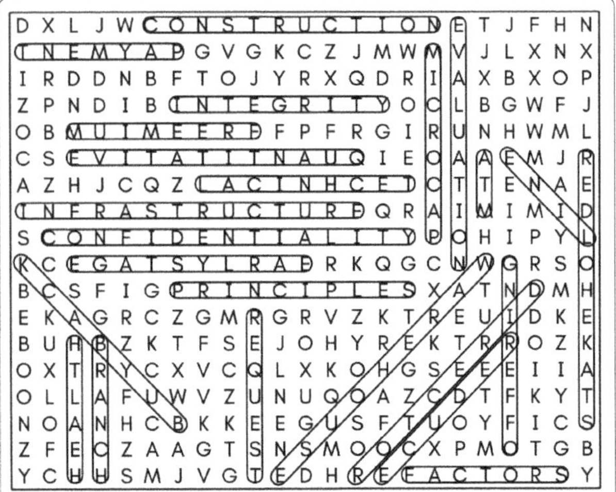

PAYMENT • REDUCE • PRINCIPLES
FREEMIUM • MICRO-CAP • INFRASTRUCTURE
HEALTH • LINE • REQUEST
OFFERING • FACTORS • EVALUATION
BRANCH • WAREHOUSE • BUYBACK
CONFIDENTIALITY • TECHNICAL • ATM
DIRECTOR • STAKEHOLDER • INTEGRITY
CONSTRUCTION • QUANTITATIVE • EARLY-STAGE

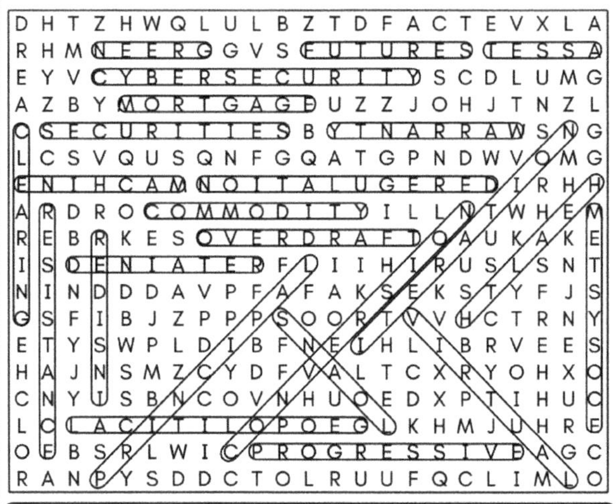

COMMODITY • GEOPOLITICAL • ECOSYSTEM
PRINCIPAL • RESISTANCE • MACHINE
RETAINED • ITERATION • MORTGAGE
CLEARING • CYBERSECURITY • SECURITIES
PROGRESSIVE • ASSET • FUTURES
GREEN • OVERDRAFT • LOANS
WARRANTY • HEALTH • CONVERSION
DEREGULATION • INSIDER • VIRTUAL

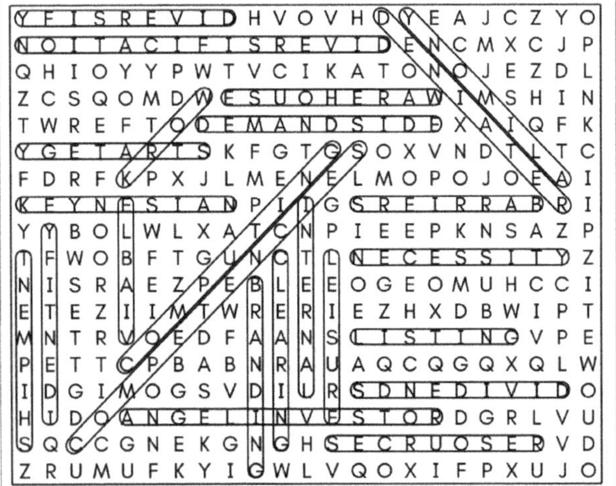

STRATEGY • BRANDING • RESOURCES
BARRIERS • DIVERSIFY • WORK
ANGELINVESTOR • LISTING • NECESSITY
IDENTIFY • DEMAND-SIDE • RETAINED
CLEARING • WAREHOUSE • INTERNAL
KEYNESIAN • DIVIDENDS • LEISURE
SHIPMENT • VIABLE • COMPETENCIES
DIVERSIFICATION • ALIMONY • COMPUTING

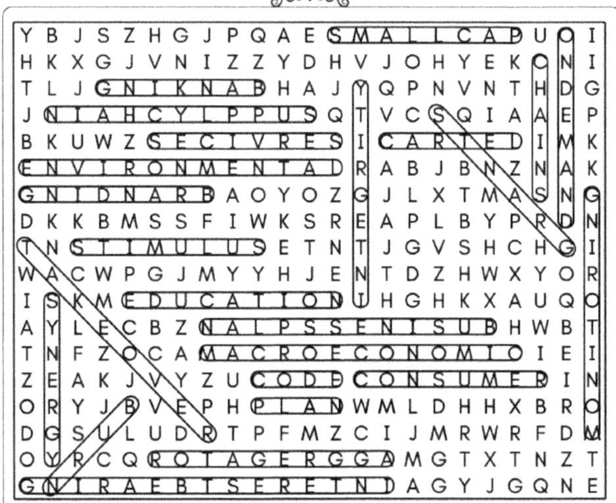

SERVICES • ENVIRONMENTAL • BANKING
SMALL-CAP • CARTEL • INTEGRITY
TAKEOVER • GRANTS • MONITORING
PLAN • SYNERGY • SUPPLYCHAIN
INTEREST-BEARING • ON-DEMAND • STIMULUS
BRANDING • CONSUMER • EDUCATION
CHAINS • MACROECONOMIC • AGGREGATOR
CODE • BUSINESSPLAN • BURN

Puzzle # 25

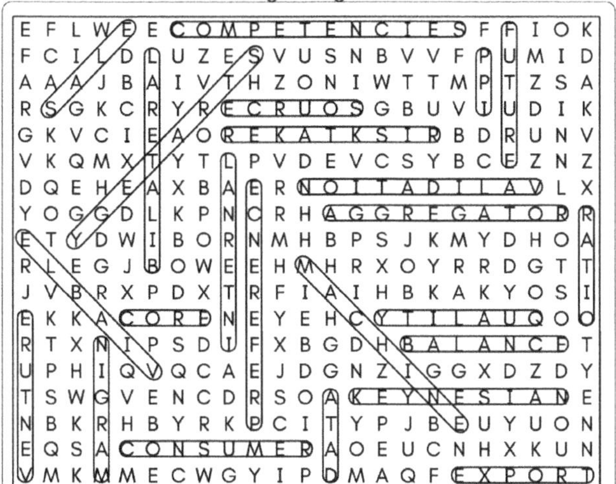

CONSUMER	AGGREGATOR	BILATERAL
STRATEGY	VIABLE	DATA
PREFERENCE	RATIO	QUALITY
RISK-TAKER	FUTURE	EXPORT
COMPETENCIES	VENTURE	PPI
VALIDATION	SOURCE	CORE
SALE	MARGIN	KEYNESIAN
BALANCE	INTERNAL	MACHINE

Puzzle # 26

SOLE	PULL	REDISTRIBUTION
MISSION	DROP	PROCESS
DECREASE	SPECULATION	OPERATION
AFFILIATE	GROSS	CHAINS
FEDERAL	WORKFORCE	FREEMIUM
ECOSYSTEM	FUNDS	ALLIANCES
MANAGEMENT	FAILURE	INVESTORS
STRATEGY	PITCH	COMPUTING

Puzzle # 27

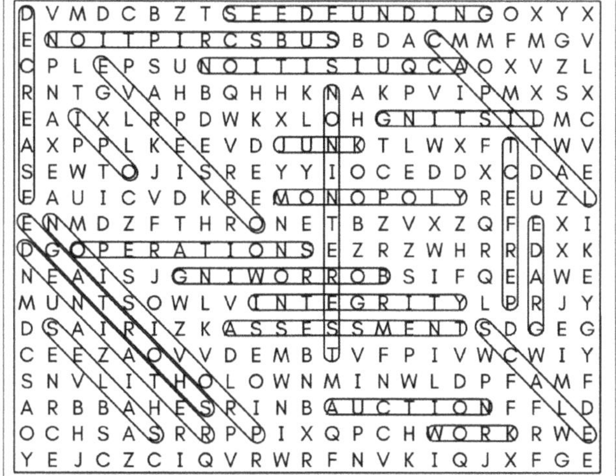

AUCTION	ACQUISITION	OPERATIONS
SHORTAGE	IPO	SEED-FUNDING
BORROWING	JUNK	PROVISION
RETAINED	SCALE	SUBSCRIPTION
GRADE	MONOPOLY	SALES
INTEGRITY	PERFECT	LISTING
CAPITAL	ASSESSMENT	NON-INTEREST
DECREASE	OBSERVE	WORK

Puzzle # 28

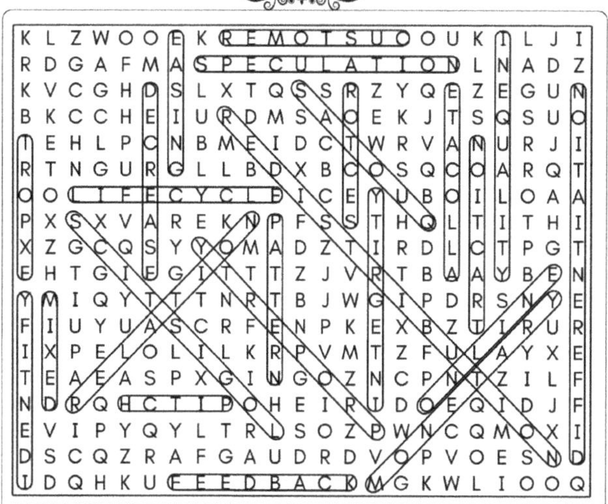

CUSTOMER	RELATION	QUOTAS
EXPORT	IDENTIFY	REDISTRIBUTION
MIXED	ONLINE	INEQUALITY
FEEDBACK	SPECULATION	DECREASE
EASING	MONETARY	PITCH
INTEGRITY	PATTERN	DIFFERENTIATION
SECTOR	PROPERTY	LIFECYCLE
LOGISTICS	ALLOCATE	TRACTION

Puzzle # 29

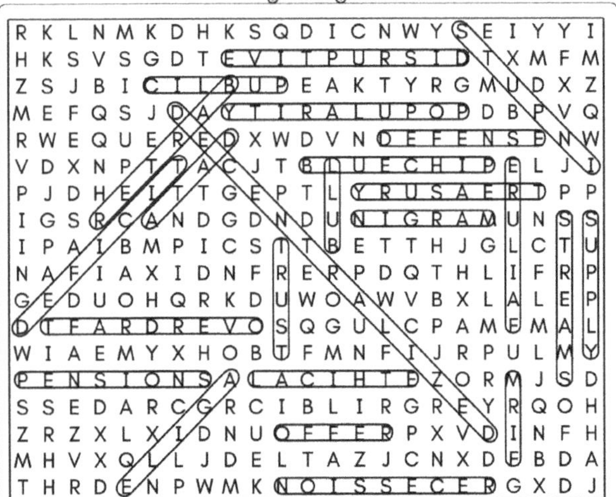

BARTER	MARGIN	TRUST
RECESSION	AGILE	DATA
PUBLIC	ETHICAL	FIRM
BULL	DISRUPTIVE	FAILURE
BLUE-CHIP	OFFER	DEFICIT
DEFENSE	POPULARITY	STREAMS
SUPPLY	OVERDRAFT	PENSIONS
INPUTS	TREASURY	DECENTRALIZED

Puzzle # 30

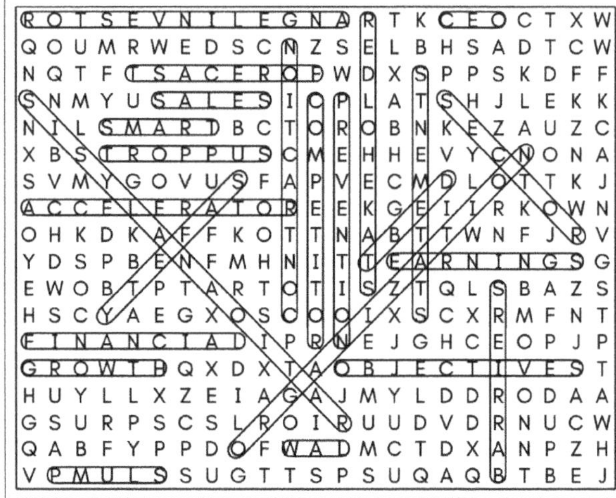

ORGANIZATION	BARRIERS	OBJECTIVES
DEBT	STATEMENTS	LAW
SLUMP	SAFETY	COMPETITOR
EARNINGS	CONTRACTION	FORECAST
PREVENTION	SECTOR	SALES
STAKEHOLDER	GROWTH	ACCELERATOR
CEO	RATIOANALYSIS	SUPPORT
FINANCIAL	ANGELINVESTOR	SMART

Puzzle # 31

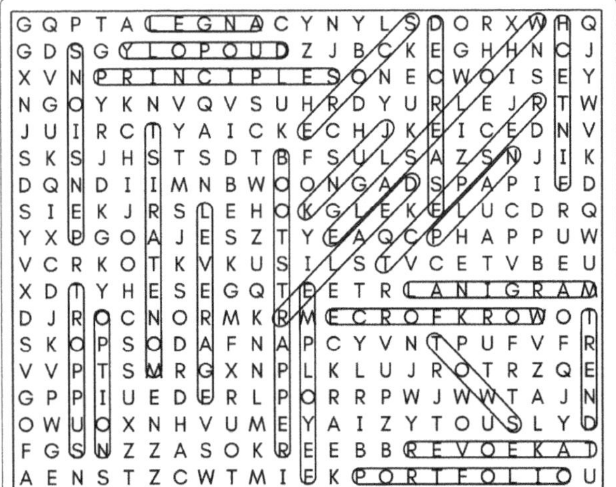

WHOLESALE	LEVERAGE	RESPECT
PORTFOLIO	DEALER	ANGEL
DECREASE	PRINCIPLES	PLAN
SUPPORT	PENSIONS	TREND
SCORE	WORKFORCE	BOOTSTRAPPER
MARGINAL	OPTION	SWOT
EMPLOYEE	TAKEOVER	MONETARIST
DUOPOLY	JUNK	FINTECH

Puzzle # 32

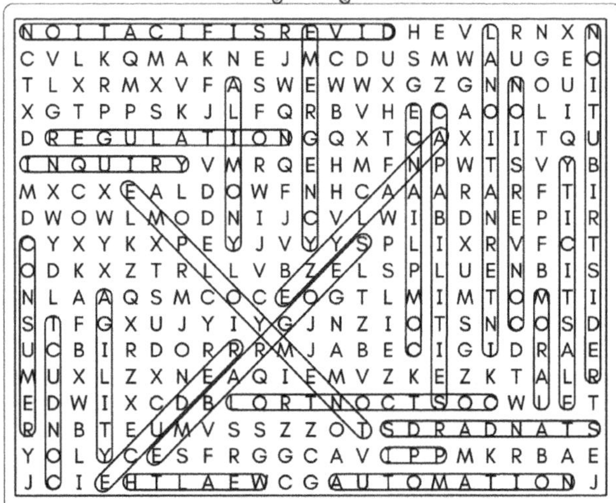

CONSUMER	EMERGENCY	STANDARDS
INQUIRY	AGILITY	COST-CONTROL
REDUCE	CONDUCT	ELASTICITY
CAPABILITIES	CONVERSION	COMPLIANCE
EMBARGOES	REGULATION	ANALYZE
REDISTRIBUTION	PPI	INTERNATIONAL
WEALTH	ALIMONY	MORAL
DIVERSIFICATION	EMPLOYMENT	AUTOMATION

Puzzle # 33

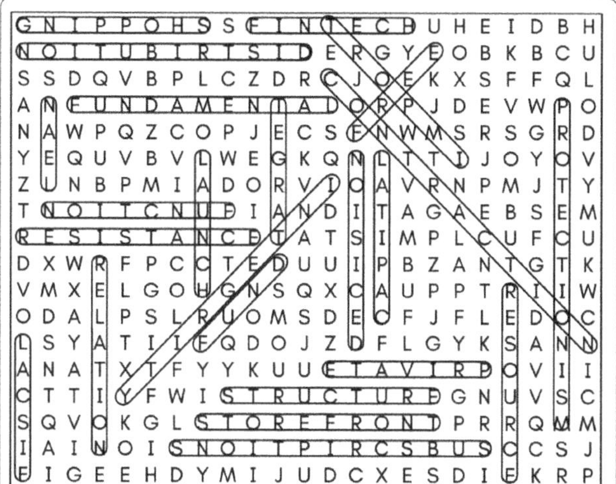

CAPITAL	PRIVATE	RESISTANCE
RESOURCE	FUND	INTEGRITY
IMPORT	TARGET	FUNCTION
DECISION	PROTECTIONISM	FISCAL
SUBSCRIPTIONS	SHOPPING	LEAN
FREE	STRUCTURE	LAUNCH
STOREFRONT	RELATION	CONTRACTION
DISTRIBUTION	FUNDAMENTAL	FINTECH

Puzzle # 34

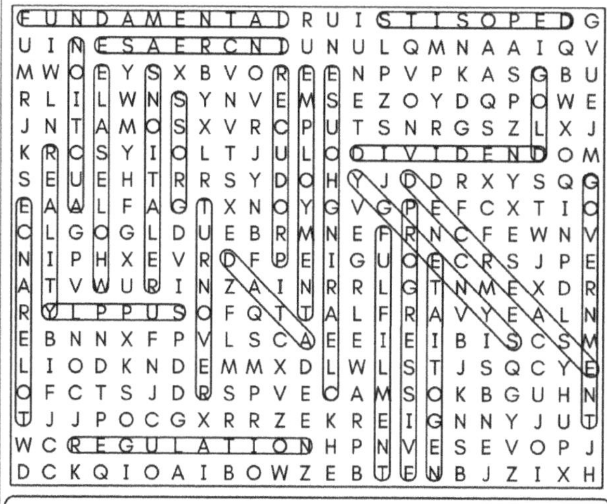

AUCTION	DECREASE	RELATIONS
NEGOTIATE	TOLERANCE	DATA
INCREASE	DEPOSITS	SUPPLY
FUNDAMENTAL	TURNOVER	FULFILMENT
EMPLOYMENT	PRODUCER	GOLD
GROSS	REGULATION	SYNERGY
WHOLESALE	GOVERNMENT	PROGRESSIVE
DIVIDEND	CLEARINGHOUSE	REALITY

Puzzle # 35

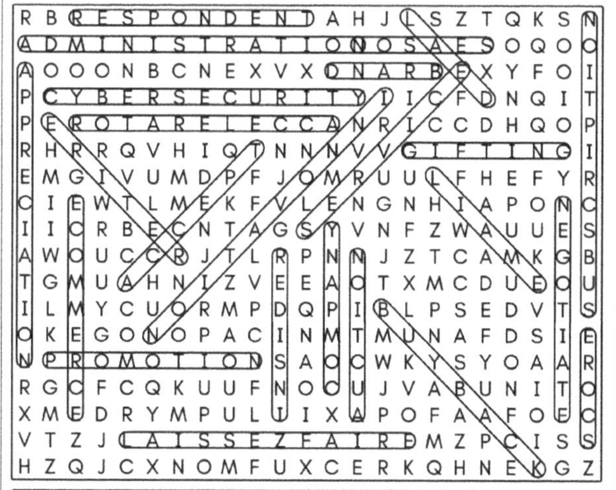

AUCTION	RESPONDENT	APPRECIATION
ADMINISTRATION	RETIRE	ECOMMERCE
SEASON	SCORE	COMPANY
ACCEPT	LAISSEZ-FAIRE	BRAND
BUYBACK	NEGOTIATE	ACCELERATOR
EMAIL	INNOVATION	INSIDER
DEAL	SUBSCRIPTION	PROMOTION
SERVICE	GIFTING	CYBERSECURITY

Puzzle # 36

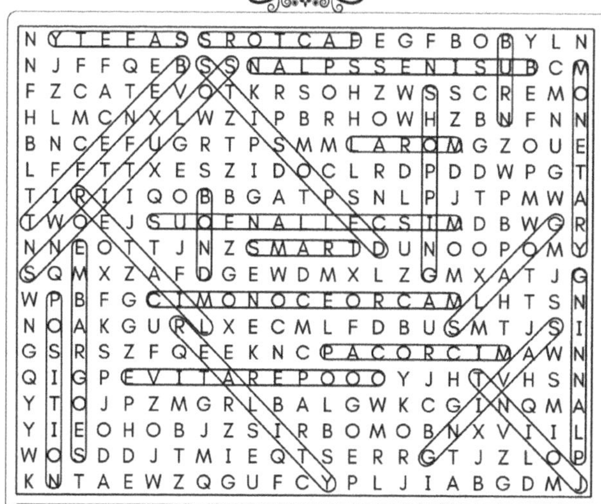

RETAIL	BUSINESSPLAN	BENEFIT
MONETARY	MICRO-CAP	REALITY
PLANNING	MORAL	BOND
MISCELLANEOUS	SMART	SAVING
EMBARGOES	POSITION	GOALS
BURN	JOINT	DEPOSITS
SHOPPING	SAFETY	FACTORS
COOPERATIVE	MACROECONOMIC	SOLUTIONS

Puzzle # 37

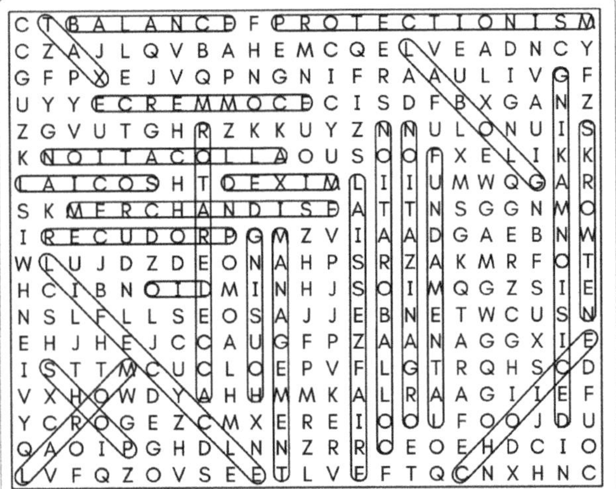

PRODUCER	CHOICE	PROTECTIONISM
ORGANIZATION	FUNDAMENTAL	LAISSEZ-FAIRE
NETWORKS	COLLABORATION	SHOP
OIL	MORAL	ALLOCATION
SOCIAL	MERCHANDISE	HOUSING
DECISION-MAKING	BALANCE	ACCELERATOR
E-COMMERCE	MIXED	LIFECYCLE
MANAGEMENT	TAX	GLOBAL

Puzzle # 38

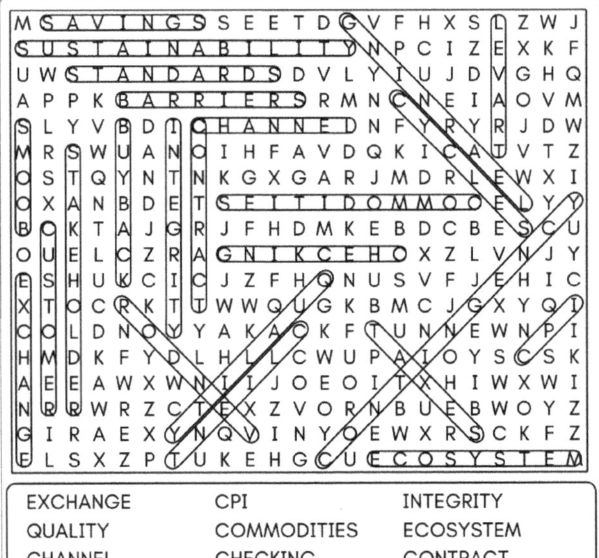

EXCHANGE	CPI	INTEGRITY
QUALITY	COMMODITIES	ECOSYSTEM
CHANNEL	CHECKING	CONTRACT
TRAVEL	CYCLES	BARRIERS
BOOMS	CUSTOMER	TAXES
STANDARDS	SAVINGS	BUYBACK
VENDOR	CONTINGENCY	SUSTAINABILITY
CLIENT	STAKEHOLDER	LEARNING

Puzzle # 39

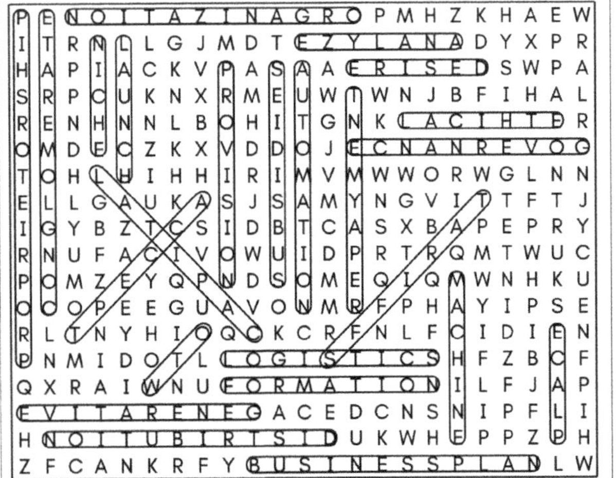

CAPITAL	NICHE	PLACE
TARIFFS	BUSINESSPLAN	AUTOMATION
CONGLOMERATE	WTO	DISTRIBUTION
LAUNCH	SUBSIDIES	DESIRE
ANALYZE	ORGANIZATION	FORMATION
GOVERNANCE	LOGISTICS	REPAYMENT
PROPRIETORSHIP	GENERATIVE	ETHICAL
PROVISION	ACCEPT	MACHINE

Puzzle # 40

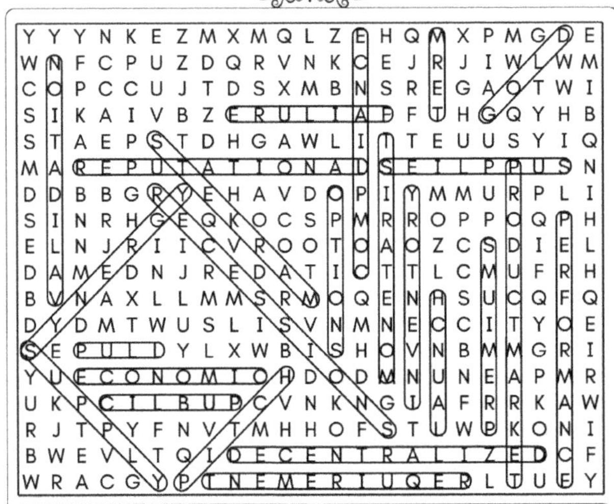

SUPPLY	LAUNCH	RECESSIONS
PULL	MARKETS	VALIDATION
COMPLIANCE	ECONOMIC	REQUIREMENT
PREMIUMS	PRODUCT-MARKET	GOLD
PERFORMANCE	SUPPLIES	REPUTATIONAL
MONETARIST	PUBLIC	SYNERGY
INVENTORY	PITCH	TERM
FAILURE	OPTIONS	DECENTRALIZED

Puzzle # 41

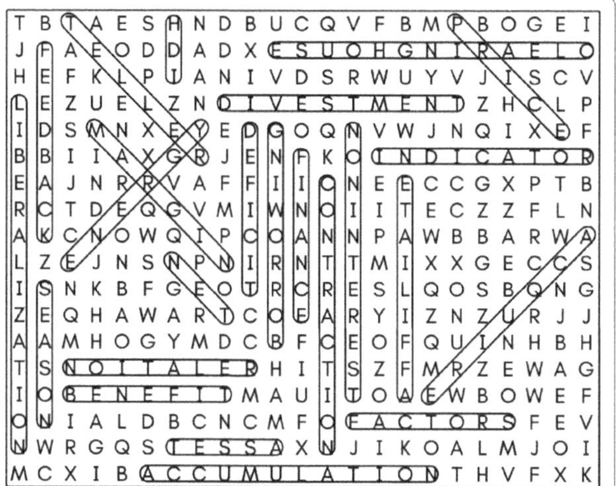

PRICE	BORROWING	TELLER
ACQUIRE	DEFICIT	ACCUMULATION
AFFILIATE	CONTRACTION	NET
HDI	FACTORS	RELATION
CLEARINGHOUSE	ASSET	MARGIN
BENEFIT	LIBERALIZATION	FEEDBACK
FINANCE	DIVESTMENT	NON-INTEREST
SEASON	INDICATOR	ENERGY

Puzzle # 42

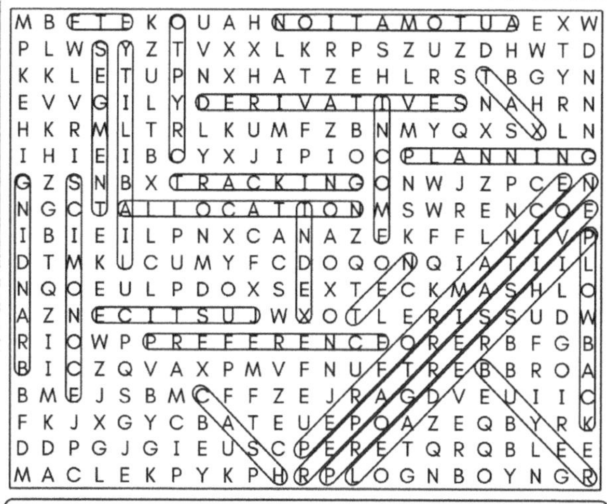

BUYER	PLANNING	LEADERSHIP
ECONOMICS	PLOWBACK	PROGRESSIVE
SEGMENT	DERIVATIVES	INCOME
CRYPTO	JUSTICE	PREFERENCE
TRACKING	LIABILITY	INDEX
REPATRIATION	ALLOCATION	BRANDING
CASH	ETF	PERFORMANCE
NET	TAX	AUTOMATION

Puzzle # 43

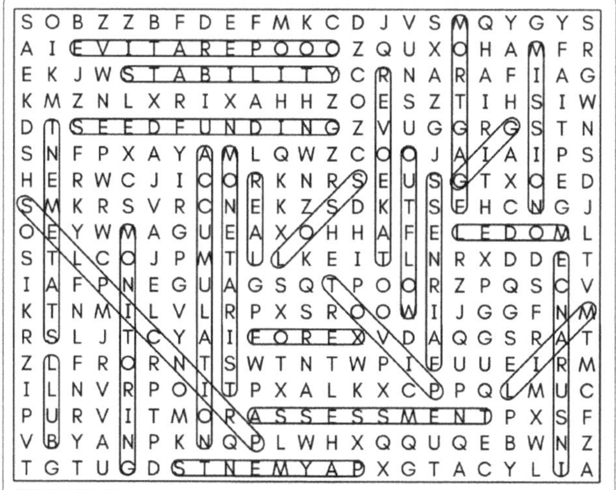

MISSION	ASSESSMENT	PRINCIPLES
LOSS	MONITORING	ACCUMULATION
PIVOT	MAIL	INSURANCE
TAKEOVER	SEED-FUNDING	MODEL
PAYMENTS	STATEMENT	BULL
MONETARIST	COOPERATIVE	STABILITY
MORTGAGE	REAL	FAIRNESS
OUTFLOW	FOREX	GIG

Puzzle # 44

STOCK	PPI	TRUST
PROFIT	TAXES	ENERGY
CHAINS	INTEREST-BEARING	PRINCIPAL
AVOID	OPTIMIZATION	SHIPMENT
INSIDER	ADMINISTRATION	FOUNDER
BOOTSTRAPPING	GDP	ZERO-BASED
MANAGEMENT	FUNDAMENTAL	BEHAVIORAL
DIVIDEND	EMERGENCY	SOLUTIONS

Puzzle # 45

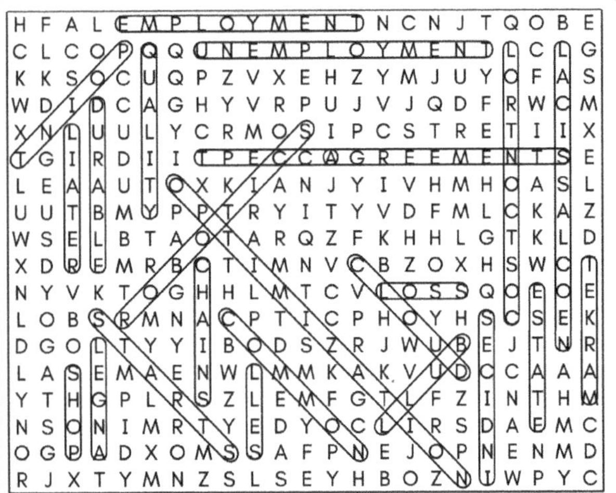

MARKET	DURABLE	ANGEL
QUALITY	ACCEPT	CLOUD
COMMON	NEOCLASSICAL	SELL
BULL	COST-CONTROL	CHAINS
AGREEMENTS	SHOP	ESTATE
POINT	UNEMPLOYMENT	EMPLOYMENT
RETAIL	STARTS	OPTIMIZATION
LOSS	INDICES	ROBOTICS

Puzzle # 46

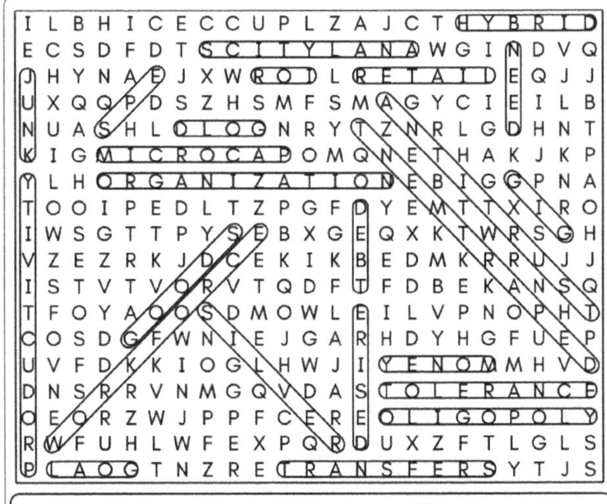

GOODS	PRODUCTIVITY	EPS
WORKFORCE	GOLD	GIG
OLIGOPOLY	JUNK	DEPARTMENT
ANTITRUST	TRANSFERS	DEBT
TOLERANCE	ORGANIZATION	NEED
MICRO-CAP	MONEY	HYBRID
RETAIL	DESIRE	ROI
GOAL	SILVER	ANALYTICS

Puzzle # 47

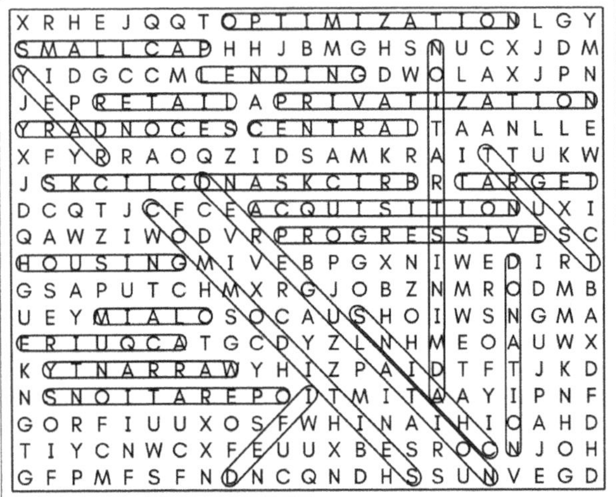

RETAIL	LENDING	OPERATIONS
CHAINS	SECONDARY	OPTIMIZATION
BRICKS-AND-CLICKS	CENTRAL	CLAIM
DONATION	YEAR	PRIVATIZATION
SMALL-CAP	ADMINISTRATION	HOUSING
PROGRESSIVE	DEREGULATION	TARGET
WARRANTY	ACQUISITION	TRUST
ACQUIRE	COMMODITIES	DEFI

Puzzle # 48

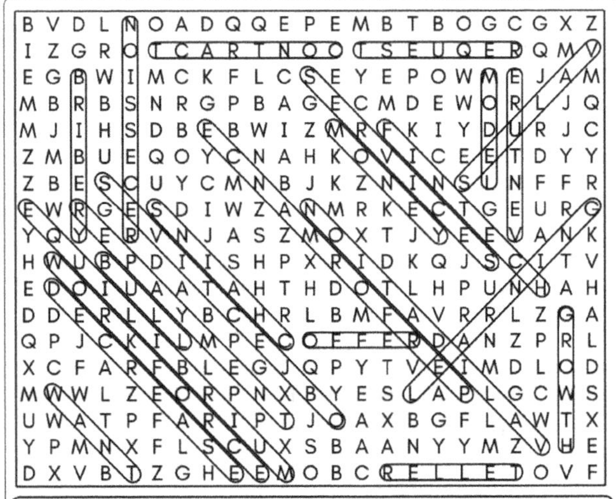

SERVICES	REQUEST	VALUES
WORKFORCE	BULL	FINTECH
CHAINS	TELLER	VENTURE
MODEL	VALIDATION	GROWTH
PERFORMANCE	CONTRACT	DECREASE
EQUILIBRIUM	RECESSION	REPAYMENT
OFFER	WANT	BRIBERY
MONEY	OBJECTIVES	LEARNING

Puzzle # 49

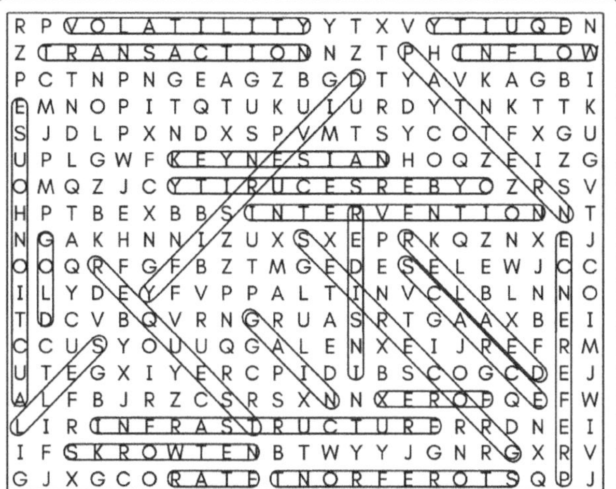

TRANSACTION	GROCERIES	PREFERENCE
SELL	FOREX	SCARCE
GAIN	INTERVENTION	GOLD
NETWORKS	INFRASTRUCTURE	DIVERSIFY
REQUEST	STOREFRONT	DEALER
PATTERN	EQUITY	INSIDER
AUCTIONHOUSE	RATE	KEYNESIAN
VOLATILITY	INFLOW	CYBERSECURITY

Puzzle # 50

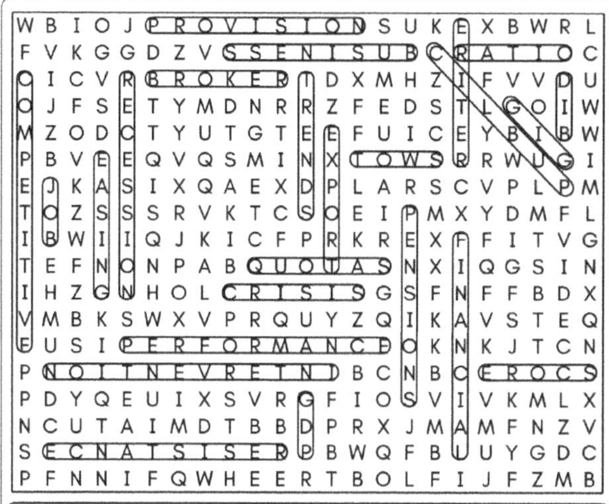

BUSINESS	PUBLIC	SCORE
FINANCIAL	SWOT	TRENDS
EXPORT	EASING	BROKER
RETIRE	PENSIONS	PROVISION
PERFORMANCE	JOB	CRISIS
INTERVENTION	GDP	RESISTANCE
BID	COMPETITIVE	QUOTAS
RECESSION	RATIO	GIG

Puzzle # 51

MARKET	LEVERAGE	BRIBERY
CREDIT	OPTIONS	CONVERSION
MARGIN	WTO	DEBT
ANALYZE	TURNOVER	DECISION
SCORE	SOLE	CRYPTO
REDISTRIBUTION	NECESSITY	DEBIT
MARKETPLACE	ESTATE	CLASSICAL
REQUIREMENT	INDICES	DATA

Puzzle # 52

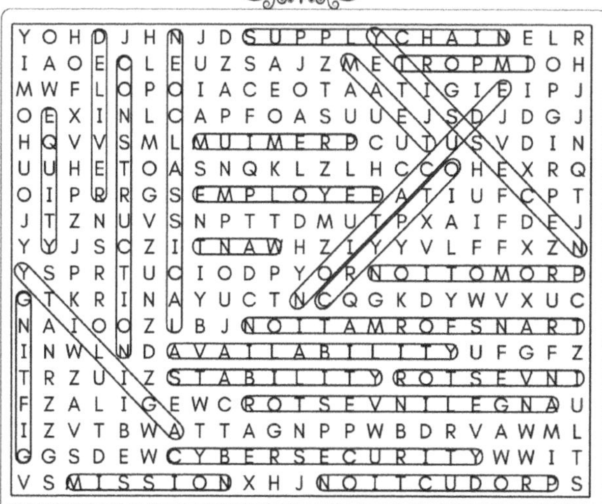

EMPLOYEE	AVAILABILITY	AGILITY
MISSION	CONSTRUCTION	TRANSFORMATION
IMPORT	EDUCATION	DELIVER
NECESSITY	NEOCLASSICAL	PREMIUM
GIFTING	PRODUCTION	WANT
PROMOTION	INVESTOR	ANGELINVESTOR
TEAM	SUPPLYCHAIN	STABILITY
EQUITY	CRYPTO	CYBERSECURITY

Puzzle # 53

PARTNERSHIP	WORKFORCE	PROFIT
MERGER	DIRECT	DIVIDENDS
COMPLIANCE	SOCIAL	TREASURY
ATM	CONFLICT	VALIDATION
SOLE	RESPONSIBILITY	CHOICE
BARRIERS	BULL	PROFITABILITY
GOALS	PROJECTION	MACROECONOMIC
MULTILATERAL	DEMAND-SIDE	GLOBAL

Puzzle # 54

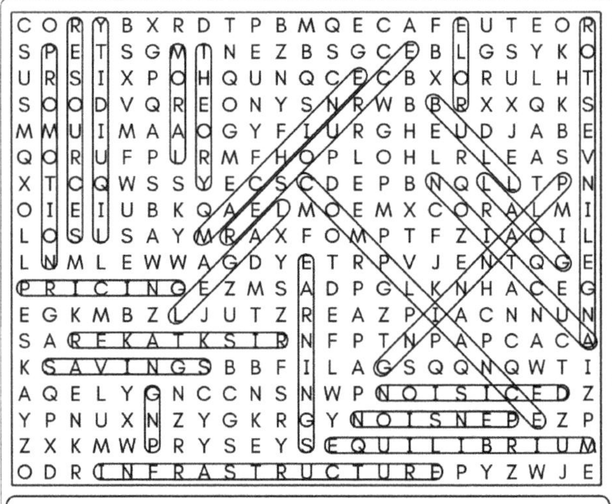

AUCTION	BULL	MORAL
GNP	ANGELINVESTOR	PRICING
PLANNING	PROMOTION	RESOURCE
RISK-TAKER	INFRASTRUCTURE	LIQUIDITY
RESOURCES	GOAL	COMPLIANCE
EQUILIBRIUM	DECISION	PENSION
ROLE	EARNINGS	THEORY
SAVINGS	LEGAL	MACHINE

Puzzle # 55

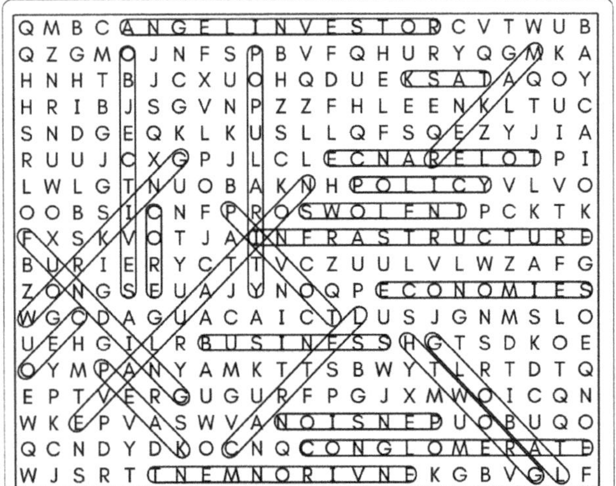

BUSINESS	PIVOT	CORE
GROWTH	EVALUATION	ECONOMIES
CARTEL	MAKER	POLICY
ANGELINVESTOR	GLOBAL	CONGLOMERATE
TOLERANCE	TASK	WORKING
ENVIRONMENT	POPULARITY	PENSION
CEO	FUNDING	INFLOWS
PEAK	OBJECTIVES	INFRASTRUCTURE

Puzzle # 56

INDUSTRY	CHAINS	MID-CAP
QUALITY	HEALTH	REENGINEERING
MANUFACTURER	ROI	MANAGER
OWNER	CONFLICT	YIELD
ALLIANCES	LEADER	SOLVENCY
FAIRNESS	CASH	EXPANSION
INVENTORY	AFFILIATE	INTERVENTION
REPUTATION	SUBSCRIPTIONS	CLOUD

Puzzle # 57

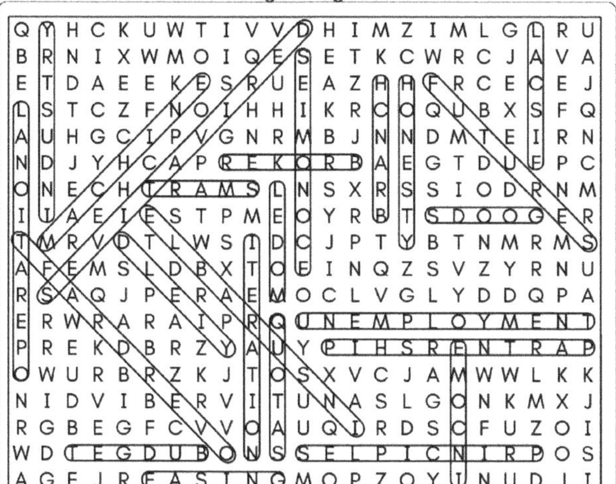

GOODS	MODEL	PRINCIPLES
INCOME	DERIVATIVES	MACHINE
UNEMPLOYMENT	QUOTAS	BUDGET
INSURABLE	ITERATION	FISCAL
BRANCH	PARTNERSHIP	OPERATIONAL
ECONOMIES	BROKER	EASING
INDUSTRY	OVERDRAFT	HONESTY
YIELD	FUTURES	SMART

Puzzle # 58

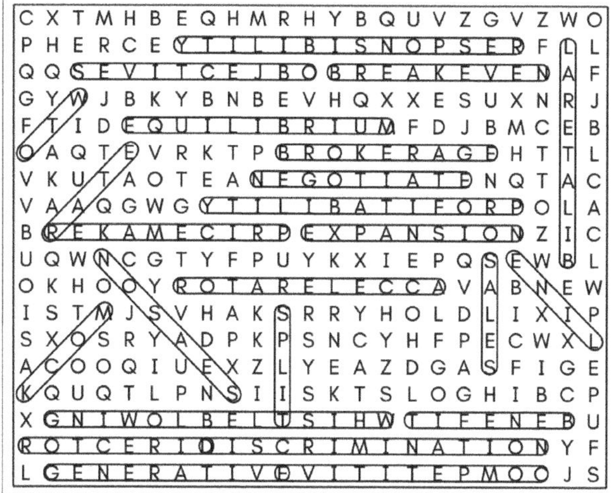

NEGOTIATE	BREAKEVEN	LINE
SEASON	OBJECTIVES	BENEFIT
GENERATIVE	SPLIT	RATE
ACCELERATOR	WHISTLEBLOWING	DISCRIMINATION
BROKERAGE	RESPONSIBILITY	PROFITABILITY
WTO	COMPETITIVE	EXPANSION
DIRECTOR	SALES	BILATERAL
PRICEMAKER	MOCK	EQUILIBRIUM

Puzzle # 59

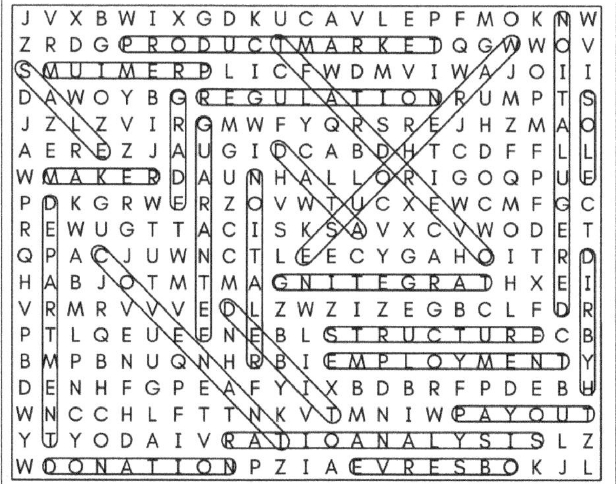

SALE	RELATION	MAKER
PREMIUM	PAYOUT	PRODUCT-MARKET
DEREGULATION	GRADE	DEPARTMENT
HYBRID	TARGETING	WAREHOUSE
DONATION	SOLE	RATIOANALYSIS
DEBIT	STRUCTURE	OBSERVE
GUARANTEE	OVERDRAFT	EMPLOYMENT
REGULATION	COVENANT	DATA

Puzzle # 60

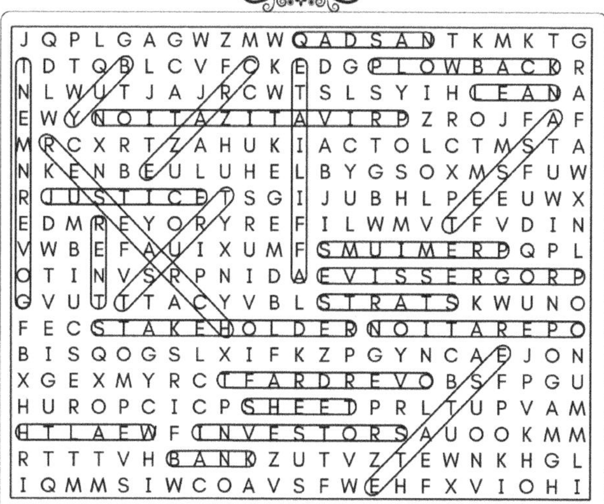

BUY	OVERDRAFT	BANK
WEALTH	PLOWBACK	PROGRESSIVE
AFFILIATE	STAKEHOLDER	ASSET
ESTATE	TRUST	LEAN
NASDAQ	OPERATION	GOVERNMENT
JUSTICE	PRIVATIZATION	PREMIUMS
RENT	STARTS	RESEARCH
CRAZE	SHEET	INVESTORS

Puzzle # 61

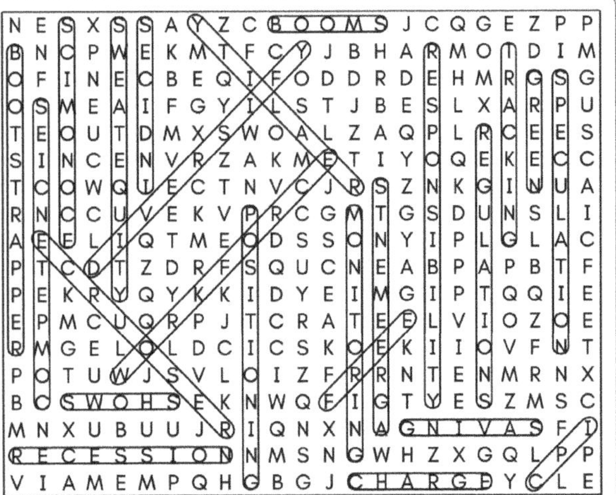

WORKFORCE	RECESSION	DIVERSIFY
AGREEMENTS	RESPONSIBILITY	SAVING
TRACKING	FREE	RESOURCE
CPI	INDICES	SHOWS
CHARGE	BOOTSTRAPPER	COMPETENCIES
SPECULATION	ECONOMICS	SWEATEQUITY
POSITIONING	GREEN	REGULATIONS
MONITORING	BOOMS	REALITY

Puzzle # 62

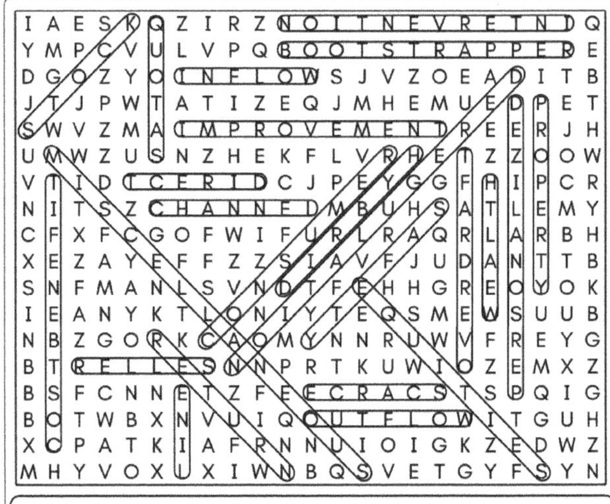

SELLER	CHANNEL	EQUITIES
WEALTH	HYBRID	IMPROVEMENT
DEREGULATION	COST-BENEFIT	RETURN
PROPERTY	INTERVENTION	SCARCE
MISCELLANEOUS	STOCK	OVERDRAFT
QUOTAS	OUTFLOW	SAFETY
CONSUMER	DIRECT	LINE
INFLOW	BOOTSTRAPPER	PERSONALIZED

Puzzle # 63

SHOP	GOVERNANCE	EMERGENCY
ASSESSMENT	BOND	TRANSFORMATION
PROTECTIONISM	VIABLE	FRANCHISE
RENT	MONETARIST	MID-CAP
STARTS	SHARE	RENEWABLE
TRANSPARENCY	GIFTING	MIXED
BUDGET	TRENDS	CENTRAL
INCUBATOR	OPTION	CYBERSECURITY

Puzzle # 64

SHOP	JOINT	TARGETING
INSTITUTION	FUNDAMENTAL	THEORY
TREND	BILATERAL	WORKFORCE
INDUSTRIAL	MORAL	LABOR
LINE	ADMINISTRATION	PUBLIC
PHILANTHROPY	POLICY	BOOTSTRAPPER
PROPRIETORSHIP	FAILURE	LOYALTY
DUOPOLY	TAX	SOLUTIONS

Puzzle # 65

COMMERCE	NECESSITY	EXPANSION
LIABILITY	OWNER	POINT
DESIRE	TREASURY	PLAN
DEFICIT	MARKETING	MONOPOLY
SUPPORT	JOB	MIXED
ACCOUNTS	CONSUMPTION	DIVERSIFY
WARRANTY	CONGLOMERATE	QUANTITATIVE
SHARE	OPPORTUNITY	CONVERSION

Puzzle # 66

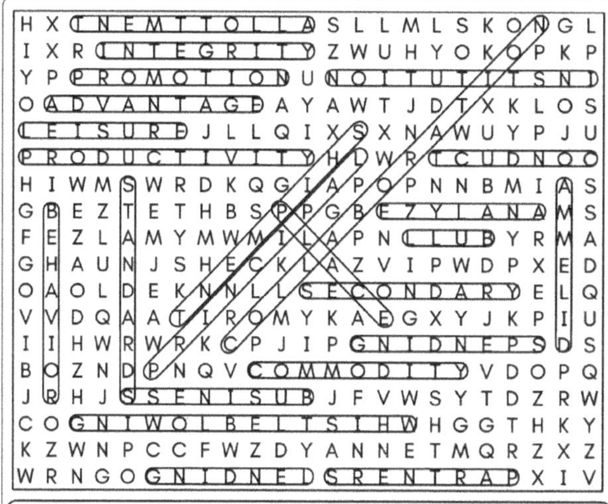

COMMODITY	BULL	INTEGRITY
PRODUCTIVITY	ADVANTAGE	STANDARDS
SPENDING	PLACE	INSTITUTION
SECONDARY	WHISTLEBLOWING	LENDING
PROMOTION	PRINCIPAL	LEISURE
DILEMMA	ALLOTTMENT	PARTNERS
BUSINESS	ANALYZE	CONDUCT
SHIPMENT	COLLABORATION	BEHAVIOR

Puzzle # 67

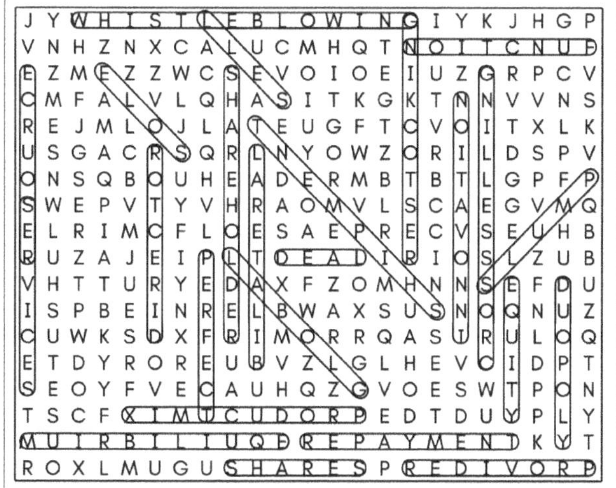

SERVICES	DUOPOLY	CROSS-SELLING
DIRECTOR	PERFECT	PRODUCTMIX
EQUITY	SHARES	SOLE
SLUMP	EQUILIBRIUM	RESOURCE
PROVIDER	SELL	RESTOCKING
WHISTLEBLOWING	INNOVATION	REPAYMENT
DEAL	SHIPMENT	BILATERAL
FUNCTION	SHAREHOLDER	GLOBAL

Puzzle # 68

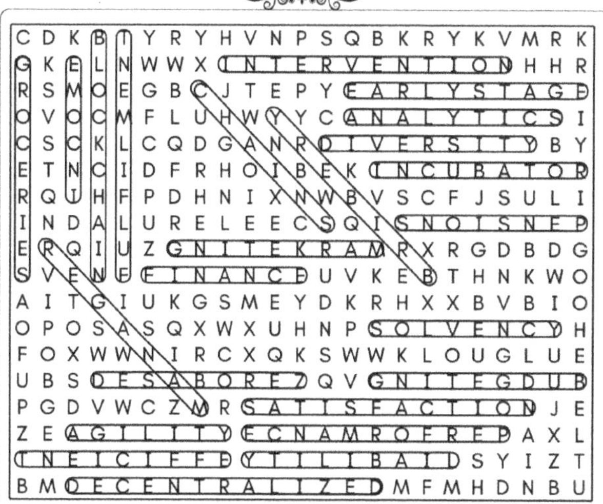

MANAGER	GROCERIES	BRIBERY
CHAINS	PERFORMANCE	ANALYTICS
INCUBATOR	DIVERSITY	INCOME
AGILITY	BLOCKCHAIN	SOLVENCY
SATISFACTION	LIABILITY	EFFICIENT
EARLY-STAGE	BUDGETING	MARKETING
FINANCE	ZERO-BASED	PENSIONS
FULFILMENT	INTERVENTION	DECENTRALIZED

Puzzle # 69

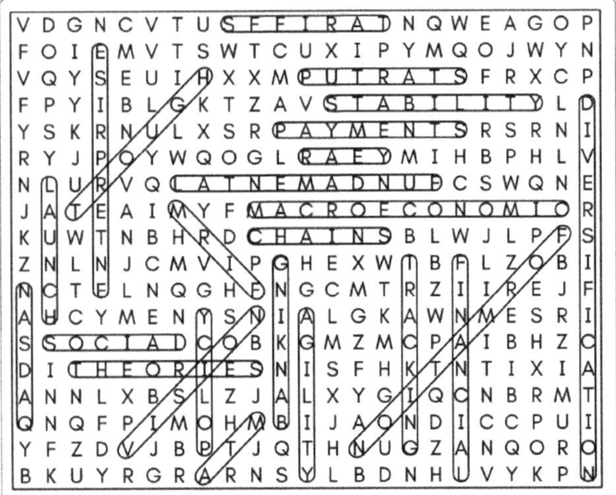

FIRM	TROUGH	MACROECONOMIC
FINANCIAL	LAUNCH	THEORIES
CHAINS	AGILITY	VISION
FUNDAMENTAL	PAYMENTS	BANKING
NASDAQ	STARTUP	FORMATION
ATM	POLICY	TRACKING
ENTERPRISE	DIVERSIFICATION	STABILITY
TARIFFS	SOCIAL	YEAR

Puzzle # 70

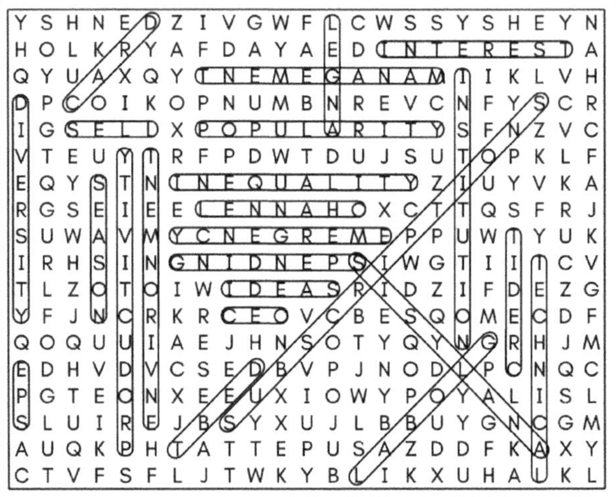

SELL	SEASON	CARD
CREDIT	SPENDING	IDEAS
PRODUCTIVITY	EPS	DEBT
ANALYSIS	ANGEL	INEQUALITY
SUBSCRIPTIONS	CEO	CHANNEL
ENVIRONMENT	INSTITUTION	EMERGENCY
MANAGEMENT	POPULARITY	DIVERSITY
INTEREST	TECHNICAL	GLOBAL

Puzzle # 71

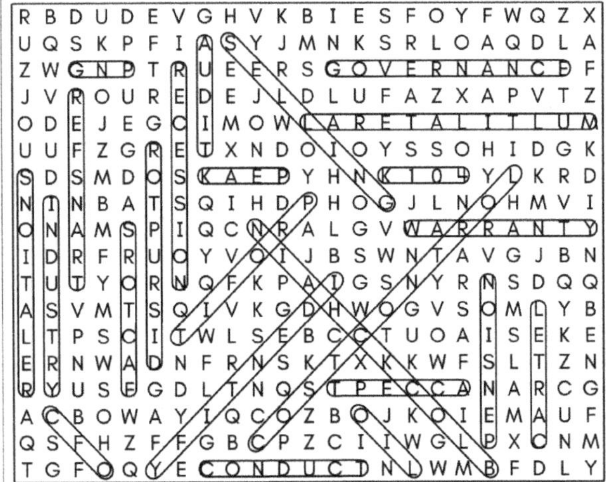

INDUSTRY	SELLING	RELATIONS
PROFIT	ACCEPT	COST-CONTROL
CARTEL	MULTILATERAL	AUDIT
IDENTIFY	FACTORS	PEAK
401K	CFO	DISRUPTOR
GOVERNANCE	GNP	PENSION
WARRANTY	OIL	CONDUCT
RECESSION	TRANSFER	BLOCKCHAIN

Puzzle # 72

STORE	FIT	QUOTAS
CONGLOMERATE	DEVELOPMENT	ECOMMERCE
FOUNDER	DEBIT	DUOPOLY
LEISURE	MARKETING	SHEET
OPERATIONS	VISION	FRAUD
TARGETING	HYBRID	FEES
SOLE	HAZARD	FREE
CONSTRUCTION	SUSTAINABLE	DATA

Puzzle # 73

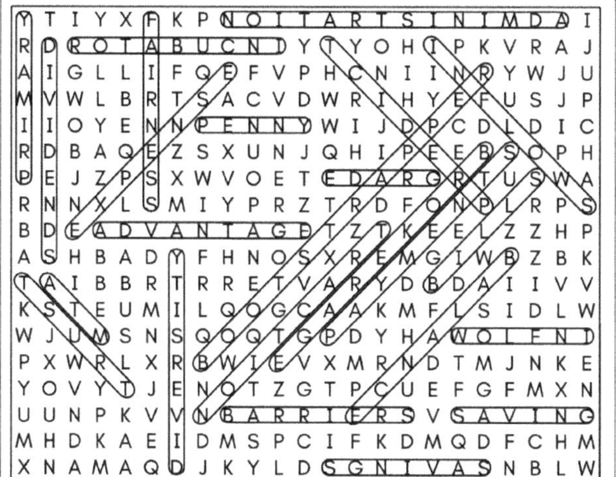

ADMINISTRATION	INCUBATOR	PAYMENTS
INFLOW	GRADE	TRUST
DIVIDENDS	ATM	SAVINGS
PRIMARY	DIVERSITY	SAVING
PENNY	BALANCE	BILLS
FAIRNESS	BARRIERS	BROKERAGE
EXPENSE	BOOTSTRAPPER	INFLOWS
PREDICT	ADVANTAGE	TRACTION

Puzzle # 74

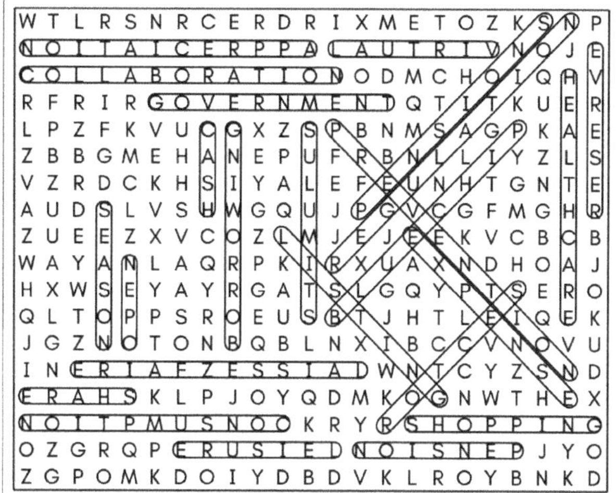

SHOPPING	RESERVE	OPEN
SHARE	HEALTHCARE	PENSIONS
BORROWING	BLUE-CHIP	CASH
PENSION	STIMULUS	SEASON
COLLABORATION	EXPENSE	PREVENTION
LAISSEZ-FAIRE	CONSUMPTION	LISTING
SECTOR	GOVERNMENT	APPRECIATION
REGULATION	LEISURE	VIRTUAL

Puzzle # 75

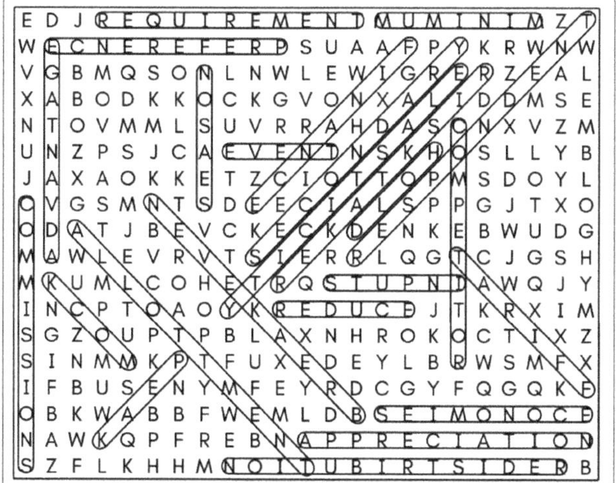

COMPETITOR	RESPONDENT	COMMISSIONS
REQUIREMENT	MINIMUM	ECONOMIES
SEASON	ADVANTAGE	INPUTS
RISK-TAKER	EVENT	PEAK
SECONDARY	ALLOTTMENT	HOLD
TARIFF	ELASTICITY	MOCK
FINANCE	BREAKEVEN	APPRECIATION
PREFERENCE	REDUCE	REDISTRIBUTION

Puzzle # 76

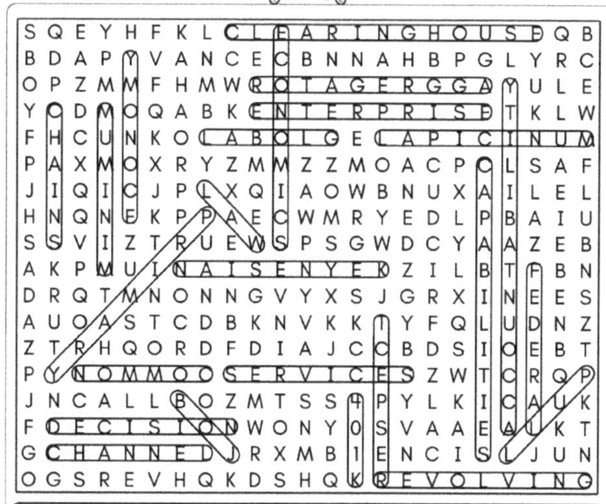

SERVICES	AGGREGATOR	REVOLVING
ECONOMICS	PRIMARY	KEYNESIAN
CHANNEL	FEDERAL	JOB
401K	LAW	PULL
CAPABILITIES	ENTERPRISE	MINIMUM
RESPECT	COMMON	CLEARINGHOUSE
ECONOMY	DECISION	ACCOUNTABILITY
CHAINS	MUNICIPAL	GLOBAL

Puzzle # 77

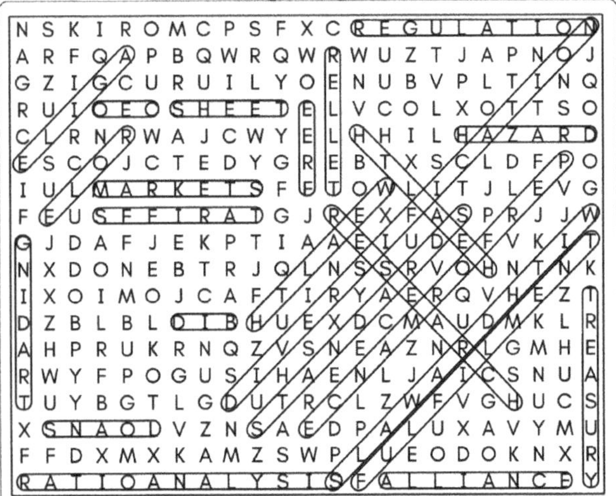

BID	DIVERSIFICATION	LOANS
WEALTH	HAZARD	RESEARCH
ALLIANCE	PERFORMANCE	TRADING
AGILE	FREE	FULFILMENT
TREASURY	ROLE	SHEET
TELLER	TARIFFS	MARKETS
CEO	RATIOANALYSIS	WITHDRAWALS
REGULATION	HEALTH	STANDARDS

Puzzle # 78

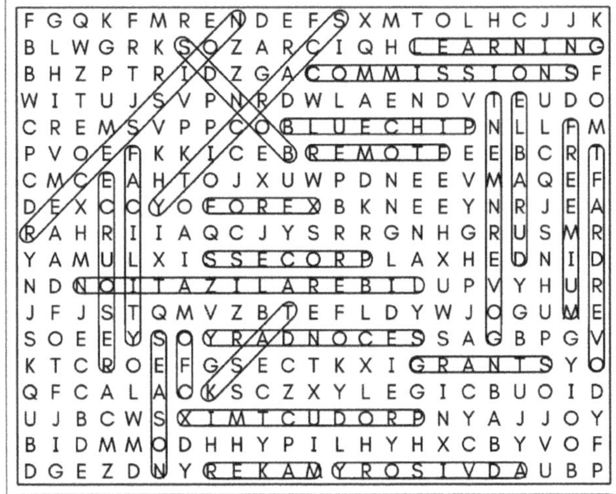

CFO	OVERDRAFT	SCARCITY
RECESSION	SECONDARY	REMOTE
FREEMIUM	BLUE-CHIP	ADVISORY
BONDS	PROCESS	LIBERALIZATION
COMMISSIONS	RESOURCE	GOVERNMENT
PRODUCTMIX	SEASON	MAKER
TASK	DURABLE	GRANTS
FACILITY	FOREX	LEARNING

Puzzle # 79

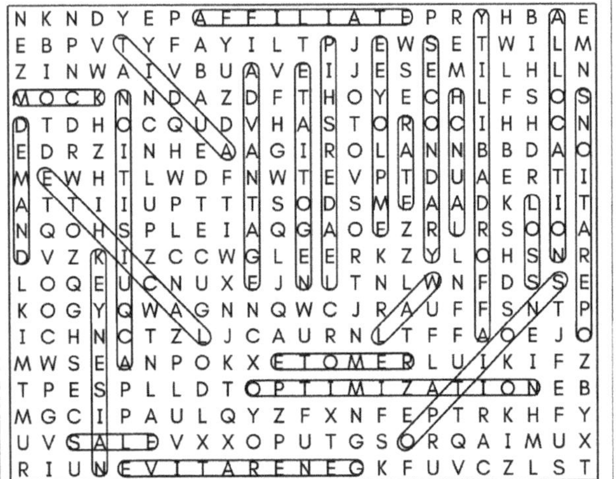

DEMAND	AFFILIATE	OPERATIONS
AUDIT	MOCK	OPTIMIZATION
AFFORDABILITY	LEADERSHIP	EMPLOYEE
LAUNCH	KEYNESIAN	ALLOCATION
ADVANTAGE	NEGOTIATE	ACQUISITION
LAW	RATE	SECONDARY
SALE	GENERATIVE	ETHICAL
LOSS	OPTIONS	REMOTE

Puzzle # 80

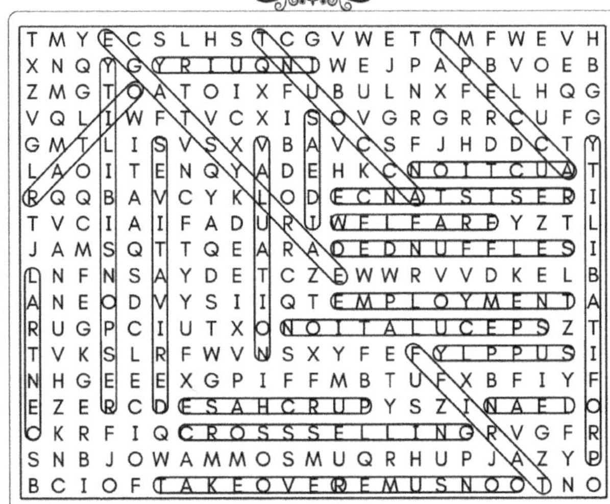

AUCTION	TAKEOVER	CROSS-SELLING
RESPONSIBILITY	DERIVATIVES	IDEAS
LEAN	EMPLOYMENT	PURCHASE
ACCEPT	WELFARE	INQUIRY
CENTRAL	SUPPLY	SELF-FUNDED
SPECULATION	VALUATION	RESISTANCE
CONSUMER	PROFITABILITY	TARIFF
ACCOUNT	RATIO	EARLY-STAGE